本著作的出版得到了

国家自然科学基金项目"情景计算机模拟的重大工程组织、
流程与战略资源协同研究（71271107）"

广东省交通厅"广州至乐昌高速公路建设成套技术研究项（2009-01-001）"
子课题"广乐高速公路建设集成管理创新研究与示范"

资　助

# 大型工程柔性组织管理实践与理论思考
## ——基于广乐高速公路的分析

敖道朝  程书萍  著

南京大学出版社

**图书在版编目(CIP)数据**

大型工程柔性组织管理实践与理论思考：基于广乐高速公路
的分析 / 敖道朝,程书萍著. —南京：南京大学出版社,
2016.10

ISBN 978 - 7 - 305 - 16996 - 0

Ⅰ. ①柔… Ⅱ. ①敖… Ⅲ. ①高速公路－组织管理－
柔性管理－研究－广东省 Ⅳ. ①F542.3

中国版本图书馆 CIP 数据核字(2016)第 110663 号

出版发行　南京大学出版社
社　　址　南京市汉口路 22 号　　　　　邮　编　210093
出 版 人　金鑫荣

书　　名　**大型工程柔性组织管理实践与理论思考**
　　　　　　**——基于广乐高速公路的分析**
著　　者　敖道朝　程书萍
责任编辑　唐甜甜　张建霞　　　　　编辑热线　025 - 83594087
照　　排　南京南琳图文制作有限公司
印　　刷　江苏凤凰数码印务有限公司
开　　本　710×1000　1/16　印张 12　字数 190 千
版　　次　2016 年 10 月第 1 版　2016 年 10 月第 1 次印刷
ISBN 978 - 7 - 305 - 16996 - 0
定　　价　59.00 元

网址：http://www.njupco.com
官方微博：http://weibo.com/njupco
官方微信号：njupress
销售咨询热线：(025) 83594756

# 前　言

广乐高速公路是京港澳高速公路粤境段的复线,北起湘粤两省交界地小塘,向南经大瑶山、乐昌、曲江、英德、清远,最终到达广州市花都区花山镇,接广州机场高速公路、肇花高速公路。广乐高速公路总长 302.6 公里,总投资 333.42 亿元人民币,是广东省新十项工程和高速公路"六纵"的重要组成部分。广乐高速公路于 2009 年 11 月 18 日开工,历时 5 年建成,于2014 年 9 月通车。广乐高速公路是广东省高速公路建设的重要里程碑,它的建成使广东省高速公路通车总里程一举突破 6000 公里大关,使广东成为全国第一个拥有 6000 公里高速公路的省份。

广乐高速公路跨越地域广,所经线路地形、地质条件复杂,大型构造物多,环保要求高,安全生产管理压力大等特点,是目前国内建设规模大、技术含量高、最具有挑战性的大型工程之一。

大型工程建设发展,需要大批勇于思考、勇于探索创新、敢为人先的创业者和开拓者。项目开工之前,广乐公司管理层对于广乐高速公路组织管理进行了顶层设计和创新运作,组织管理顶层设计包括两个方面:一是工程建设管理的组织架构;二是工程建设管理的措施管理机制。

广东广乐高速公路有限公司以精简、高效的原则,创立"1＋N"柔性组织以及"双标管理"的管理模式,上下联动,高效推进广乐高速公路项目的建设实施。广乐高速公路建设管理构成了"变＋不变"的管理模式,其中变化的工程管理是指随着工程建设进行,建设任务相应发生变化,调整相应的组织结构、人员配置及权责范围;不变的是现场"双标管理"(标准化管理和标杆管理),以及工程建设过程中构建的广乐工程文化体系(包括人本文化,廉政文化和安全文化)。

在实际的运作过程中,为实现广乐柔性组织高效运作,工程制定了强有力的流程和制度管理,清晰地界定组织的权责,设计了分权和授权体系以及激励机制,最终使柔性组织随着工程任务的变化而平滑地过渡。

由于大型工程对于国家有着政治、经济甚至民生等各方面的影响,同时重大工程的规模和体量巨大,点滴的优化都会带来巨大的经济效益。对于大型工程来说,创新的管理模式不仅仅在成本上体现优势,在质量和进度上都有着独特的竞争力。广乐高速公路柔性组织不仅实现了项目的高效运作,降低了资源消耗,同时也为我国大型工程建设管理创新提供了鲜活的样本。

敖道朝

于广东广乐高速公路有限公司

**2016 年 8 月 10 日**

# 目 录

# 第二篇   大型工程柔性组织管理理论

# 图目录

## 表目录

# 第一篇　广乐高速公路柔性组织管理实践

# 第1章 广乐高速公路概述

## 1.1 工程概况

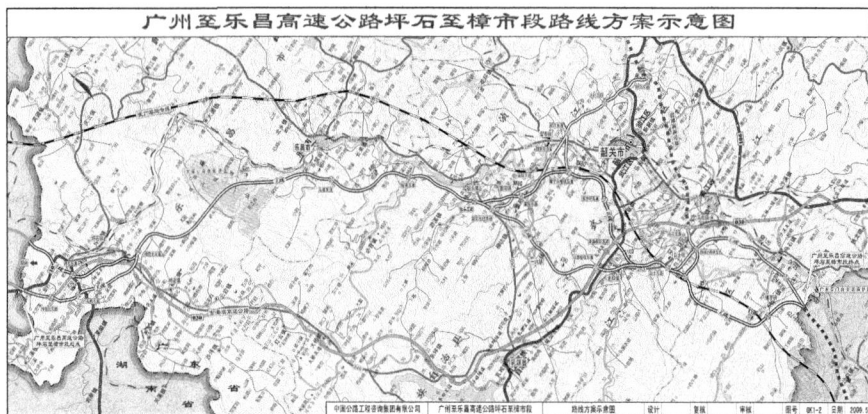

**图1-1 广乐高速公路路线方案图**

广州至乐昌高速公路(简称"广乐高速公路")是目前我国通车线路最长、投资建设规模最大、技术难度最高的高速公路,是国家重大交通基础设施工程。

广乐高速公路北接京港澳高速公路湖南段,南接广州机场高速公路北延线,项目主线新建线路长约270 km,连接线约32 km,合计总长302 km,其中韶关境内长162 km,清远境内长119 km,花都境内长21 km。项目主线京港澳高速公路扩建路段为八车道,设计车速100 km/h,路基宽41 m;主线新建路段为六车道,设计车速100 km/h和120 km/h,路基宽33.5 m和34.5 m;连接广乐高速公路与韶赣高速公路的韶赣南、北连接线为四车道,设计车速100 km/h,路基宽26 m。项目全线桥梁总长约70 km/226座,设计荷载为公路一级;隧道总长约36 km/28座,桥隧合计总长约106 km,互通式立交27处,桥隧比例35%。

表 1-1　广乐高速公路主要技术标准

| 序　号 | 项　目 | 主线新建路段 | 韶赣南北连接线 | 京港澳(扩建路段) |
|---|---|---|---|---|
| 1 | 公路等级 | 双向六车道高速公路 | 双向四车道高速公路 | 双向八车道高速公路 |
| 2 | 设计速度 | 100 km/h 和120 km/h | 100 km/h | 100 km/h |
| 3 | 路基宽度 | 33.5 m 和 34.5 m | 26.0 m | 41.0 m |
| 4 | 设计荷载 | 公路Ⅰ级 | | |
| 5 | 地震动峰值加速度 | 0.05 g(相当于Ⅵ级) | | |
| 6 | 设计洪水频率 | 特大桥 1/300,路基、大、中、小桥 1/100 | | |

## 1.2　决策背景

广东省依托珠江三角洲经济区发达的经济和技术优势,以综合运输发展规划为指引,以提高技术档次、运输能力、综合服务水平、社会经济效益和综合运输效益为中心,高瞻远瞩,进行了珠江三角洲经济区和泛珠江三角洲经济区公路、水运、铁路等交通运输基础设施的综合规划。广乐高速公路是广东省综合规划的一部分,旨在打通广东西部腹地,连通祖国大西南,实现珠江三角洲经济区放射性发展,全面提升广东省总体实力,使广东省的路网布局具有发达的系统性、先进的网络性和高速的服务性。

京港澳高速公路是我国层次最高的南北干线公路,自北向南连接了北京、河北、河南、湖北、湖南、广东 6 个省市和香港、澳门两个特别行政区,直接将首都北京与石家庄、郑州、武汉、长沙、广州等 5 个省会城市以及香港、澳门串联起来,对提升广东省的综合实力、打造泛珠江三角洲经济区区域合作品牌、推进粤港澳特别合作区进一步发展,以及构建贯穿中国南北的经济走廊等具有不可替代的政治、经济意义。

京港澳高速公路以其地缘优势和区位优势,成为习惯性的南北向交通主通道。近几年,随着广东经济的快速发展,该通道自通车以来南下北上车流量急速增加,2007 年 1 月 26 日当天韶关段的总车流量达 7.5 万辆,是有史以来最拥挤的一天,车流量已趋于饱和状态。随着广东经济的快速发展,南北大动脉京港澳高速公路粤境段的通行能力日趋不足,已远远不能满足省际交通快速增长的需求,交通压力急剧增加,严重制约了京港澳高速公路沟通南北、连通粤港澳的功能的发挥。京港澳高速公路是国家南北大动脉,通行能力不足已成了限制其发展的瓶颈。

同时,由于京港澳高速公路部分路段存在先天性缺陷,其抗气象灾害能力十分脆弱,特别是在雨、雪(冰)、雾天气下,存在较大的交通安全隐患。京港澳高速公路粤北段是全线地质条件最为复杂的一段,平均海拔达750米,且地形条件差,公路坡度大、坡距长,常受雨、雪(冰)、雾等恶劣天气的影响,交通堵塞及交通事故频繁发生。2008年初,一场历史罕见的特大冰雪横扫我国南方,使贯通我国南北交通的大动脉——京港澳高速公路受阻严重,郴州至韶关段完全瘫痪,造成了巨大的经济损失和不良的社会影响。

京港澳高速公路承接产业转移能力差。以乐昌和英德为例,交通成为制约地区发展的瓶颈。位于广东省最北端的乐昌,是粤、湘、桂、赣四省(区)交汇中心,韶关、郴州、赣州"红三角"腹地,素有"广东北大门"之称,但无高速公路对接外面,乐昌成为经济发展的"死角"。而英德是一个旅游、矿产资源丰富的城市,享有"广东水泥之乡""广东石灰岩溶洞之乡""中国英石之乡""中国红茶、绿茶之乡""中国麻竹笋之乡"等美誉,因交通基础设施不完善和交通联系不畅所造成的交通区位上的劣势,已经对城镇空间扩展、产业选择和经济发展产生了明显的制约作用。

广东粤北亟待再建一条高速公路,以进一步完善广东高速公路网,提升珠三角发达地区的辐射带动能力,改善粤北山区发展条件,有效分流密集车辆,缓解京港澳高速公路粤境段的交通压力,减少京珠北因驶下长坡刹车失灵而发生的伤亡事故,化解京珠北穿越常年雾区以及冬季路面结冰带来的严重交通安全问题,彻底解决京珠高速公路粤北段通行不畅、通行能力不足、交通事故较为频繁等问题,提升产业转移能力。2007年6月,广东省交通厅主持召开会议并审查通过了《京珠高速公路(粤境段)复线及相关路线规划报告》,广东省政府同意将广乐高速公路纳入广东省高速公路网规划,并在"十一五"跨"十二五"期间由广东省组织实施。因此广乐高速公路是京港澳高速公路的部分复线。

2008年1月25日,广东省交通厅委托中国公路工程咨询集团有限公司(简称"中咨集团")联合中铁二院工程集团有限责任公司开展广乐高速公路工程可行性研究报告的编制工作。2008 年 6 月,广东省交通厅主持召开了《广州至乐昌高速公路工程可行性研究报告》评审会,对工程可行性报告的修编提出了指导意见,项目组根据评审意见,对工程可行性报告进行了相应的补充和完善,于 10 月完成工程可行性报告修编工作。随后,项目进行了勘察设计招投标。2009 年 1 月,广东省交通厅根据省领导的指示,同意广乐高速公路全线按照六车道标准实施(原工可采用 6+8 车道标准)。

2009 年 2 月,作为项目业主单位的广东广乐高速公路有限公司(以下简称"广乐公司"),根据设计进展情况和省交通厅关于技术标准的批复,委托中咨集团承担广乐高速公路工程可行性修编工作。根据委托要求,修编时项目以韶关市和清远市市境为界,划分为两段:① 广乐高速公路北段(韶关段):广州至乐昌高速公路坪石至樟市段;② 广乐高速公路南段(清远、广州段):广州至乐昌高速公路樟市至花东段。

广乐高速公路建成通车将成功发挥广东北大门黄金通道的区位优势,使有经济"死角"之称的韶关市乐昌告别无高速公路"对接"的历史,将区位优势提升到一个新的层次。广乐高速公路纵贯英德南北,经过英德中心地带和 6 个工业重镇,设有 5 个出入口,将惠及近 50 万人口,成为促进英德经济发展的大动脉,这使得英德如虎添翼,将实现"建成国内最大水泥生产基地"的目标。广乐高速公路的建成通车,对带动粤北山区,特别是沿线欠发达县、镇经济社会跨越式发展具有举足轻重的作用。广行天下,乐善通达,广乐高速使粤北山区面貌焕然一新。

## 1.3　建设管理问题

### 1.3.1　工程建设难点

广乐高速公路串联韶关、清远、广州 3 个城市,乐昌、乳源、武江、浈江、曲江、英德、清城、花都 8 个区(县),以及坪石、梅花、桂头、一六、重阳、龙归、十里亭、犁市、乌石、马坝、连江口、英红、源潭、飞来峡、梯面、花山、花东等34 个镇。

广乐高速公路具有跨越地域广,所经线路地形、地质条件复杂,大型构造物多,环保要求高,安全生产管理压力大等特点,是目前国内建设规模大、技术含量高、最具有挑战性的公路项目之一。具体建设难点如下。

（1）桥隧比例高，地质条件复杂，高墩桥多

全线桥隧比例超过 35%，大部分桥梁穿越崇山峻岭，隧道群穿越大瑶山路段桥隧比例更高达 96%。全线共架设桥梁 226 座，总里程 70 千米；修建隧道 28 座，总里程 36 千米；桥隧总长 106 千米。尤其是大瑶山隧道群路段穿梭于崇山峻岭之间，且桥隧相接，桥隧比例高达 96%，3 000 米以上的特长隧道有 2 座，特大桥梁 10 座，高墩桥 40 余座，30 米以上的桥墩有 80 余座，最高墩达 93 米，桥梁大多位于陡峭的山坡上，墩台作业面与山体坡度呈 75 度至 85 度角，布设极为困难。桥墩路径碳酸岩路段地层溶蚀地貌发育，主要有溶沟、溶槽、岩溶漏斗、溶洞、地下暗河等。线路所经冲积平原地貌区，排灌水系纵横交错，软土地基分布广泛。险峻的地形，艰难的施工，安全、质量、造价之间必需一个平衡点。

（2）施工条件艰苦，施工便道险

路线布设于深山峡谷中，作业面狭窄，便道运输艰辛，进出大瑶山工地必经之路的梅乐公路，笔陡的山崖边坡高达 80 米，未作任何保护，一遇连续降雨或雷电暴雨，该进场道路便发生多处坍塌或滑坡，道路坑洼，严重影响行车安全，交通经常被阻断。

（3）桥隧多，安全生产管理压力大

全线共有隧道 28 座，单洞总长约 36 千米，隧道建设工地分散且现场交通不便，项目业主对施工现场和施工人员管理任务繁重。隧道一直是公路建设的关键性工程，隧道地质条件复杂多变、施工难度大、施工环境恶劣、安全风险高，一旦发生施工事故危害极大。同时隧道、桥梁、高边坡等施工点众多，大大增加了项目安全生产管理压力。

（4）项目干扰因素多

项目多次跨越北江、武江、浈江流域，并与京广铁路、曲仁铁路、韶赣铁路、南岭铁路和武广客运专线等均有交叉，干扰因素多。

（5）跨地区多，地方协调难度大

广乐高速公路路线跨越地域广，穿越县市多，干扰因素多，项目征地拆迁及地方协调任务非常艰巨。

## 1.3.2 工程建设目标

项目建设最初，广乐高速公路建设管理层就对工程进行了顶层设计，并确立了战略性的建设目标。具体的战略目标如下。

　　**项目定位**:安全耐久、节能环保、设计美观、利于管养。

　　**建设目标**:在项目建设之初就提出了一个"5+5"(5 个示范工程和 5 个奖项)的管理目标。

　　**五个"示范性工程"**:广东省"工程建设管理标准化示范项目";省部联合攻关"安全、耐久性示范项目";交通部"节能环保(科技成果推广)示范项目";国家发改委、住房和城乡建设部、交通运输部"隧道照明节能示范项目";争创交通运输部"平安工地"示范项目。

　　**五个建设奖项**:大瑶山隧道群 23.75 千米路段争创"鲁班奖",广乐全线争创"詹天佑奖"、公路交通优质工程奖、五一劳动奖状、全国企业管理现代化创新成果奖。

### 1.3.3　工程管理模式

　　工程事业的建设发展,需要大批勇于思考,勇于探索创新,敢为人先的创业者和开拓者。项目开工之前,广乐公司管理层对广乐高速公路组织管理进行了顶层设计和创新运作,组织管理顶层设计包括两个方面:一是工程建设管理的组织架构;二是工程建设管理的措施和机制。

　　广乐公司以精简、高效的原则,创立"1+N"柔性组织以及"双标管理"的管理模式,上下联动,高效推进广乐高速公路项目的建设实施。

　　广乐高速公路建设管理构成了"变+不变"的管理模式(图 1-2),其中变化的工程管理,随着工程建设的进行,建设任务相应发生变化,从而组织结构、人员配置及权责范围也进行相应的调整;不变的是现场"双标管理(标准化管理和标杆管理)",以及工程建设过程中构建的广乐文化体系(包括人

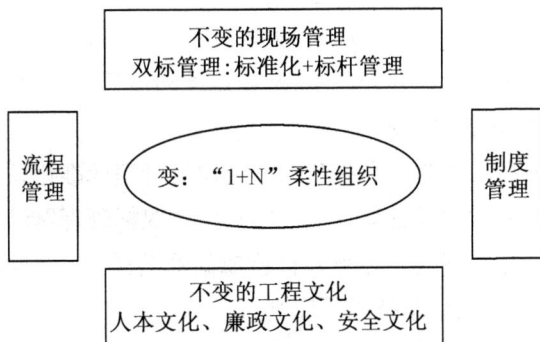

图 1-2　广乐高速公路管理模式示意图

本文化、廉政文化和安全文化)。

在实际的运作过程中,为实现柔性组织高效运作,广乐公司制定了强有力的流程和管理制度,清晰地界定了组织的权责,设计了分权和授权体系以及激励机制,最终使柔性组织随着工程任务的变化平滑地过渡。广乐柔性组织高效的运作,不仅降低了资源消耗,同时也为我们工程建设管理创新提供了鲜活的样本。

1. "1+N"柔性组织管理模式

广乐公司根据项目模式大、线路长、跨越地区广的特点及项目进展情况设计动态柔性的管理模式,结合超大型高速公路项目的实际,提出根据工程进展的不同阶段,对公司的机构与人员配置实施管理,采用"1+N"模式:"1"指广乐公司,"N"指现场管理组织。

"1+N"的模式是个柔性动态管理模式,它随着工程进展情况而调整、改变,只围绕着一个宗旨:调整到最为适合的模式,实现更为高效地管理。"1+0"组织模式即项目前期及设计前期,设立1个建设管理处;"1+4"即设计后期及土建施工期,广乐公司+乐昌、韶关、英德、清远管理处;"1+2"即路面及后续工程施工期,广乐公司+韶关、清远管理处;"1+2+1"即后续工程施工期、营运筹备期,广乐公司+韶关、清远管理处+营运管理处;"1+1"即结算及营运期,广乐公司+结算组的模式,最终实现由工程建设向管理运营的稳步过渡。

科学合理的管理机构设置推动了项目的顺利开展,在节省管理成本的同时提高了管理效率,使项目管理真正做到优质高效。广乐项目的机构设置与人员配置,符合交通部《关于进一步加强公路项目建设单位管理的若干意见》(交公路发[2011]438号)的有关要求。各阶段科学合理的机构设置与人员配置使公司既节约管理成本,又高效推动项目建设的预期目标。

2. "双标"现场管理模式

广乐高速工程项目为广东省高速公路建设管理标准化试点项目。广乐公司全面实施标准化建设管理,广乐高速推行"双标管理"促质量保安全,在全体广乐人的努力和创新下已精心打造成高速公路建设管理的阳光名片。根据"双标管理"的理念,坚持以下原则:

坚持"安全第一,质量至上,工期服从质量安全"的原则:树立"好字当头,快在其中"的项目建设管理理念。

认真落实省高公司建设管理"四项制度"原则(项目法人责任制、招标投标制、工程监理制和合同管理制)和"三个合理"(合理标段、合理工期、合理造价)。

抓好"四大关键人"原则:(业主项目经理、设计负责人、施工标段项目经理、总监理工程师)。

广东高速公路"双标管理"体系见表1-2。

表 1-2　广乐高速公路"双标管理"体系

| | | |
|---|---|---|
| 标准化管理 | 勘察设计标准化 | |
| | 工地建设标准化 | |
| | 施工作业标准化 | 路基施工作业标准化<br>桥梁施工作业标准化<br>隧道施工作业标准化<br>路面施工作业标准化<br>交通工程作业标准化 |
| | 安全生产标准化 | |
| 标杆管理 | 树立标杆标段 | |
| | 树立单项标杆工程 | |
| | 树立标杆人物 | |

标准化管理:广乐高速公路通过实践和创新,将广乐高速公路标准化建设管理分为五个方面实施,勘察设计标准化、工地建设标准化、施工作业标准化、安全生产管理标准化和项目干系人管理标准化。

标杆管理:全面推行高速公路建设标杆管理,大力营造"你追我赶、争先进位"和"比、学、赶、超"的良好氛围,提升高速公路建设管理,质量水平;建设一个优质工程,打造一批优质团队,培养一批技术人才,建立建设高速公路科学发展的长效机制。

# 第2章 广乐高速公路柔性组织管理模式

## 2.1 柔性组织设计背景

透过以下一些数据,可以全貌看出广乐高速公路的复杂程度,以及广乐实施柔性组织的战略意义:

**项目线路长**:合计总长 302 千米,是目前广东省最长的一条高速公路,其中韶关境内长 162 千米,清远境内长 119 千米,花都境内长 21 千米。

**项目建设时间长**:2009 年 11 月开工,2014 年通车,工程建设跨度 5 年时间。

**项目专业类型广**:全线共有隧道 28 座,特大桥 10 座,高墩桥 40 座,最高墩高 93 米。其中桥梁 226 座/70 千米,桥隧合计 106 千米,全线桥隧比 35%。大瑶山路段桥隧相连,桥隧比例达 96%。

**项目投资额大**:项目初步设计概算为 333.42 亿元,是目前国内在建和已建高速公路项目中投资最大的。

**项目地质条件复杂**:线路地处山区,碳酸岩地层溶蚀地貌复杂。在大瑶山区建设中,因为地势险峻,广乐高速 T3 标为 14 公里的公路建设,共修筑了 140 公里的便道。

**征地拆迁地方协调难度大**:项目跨乐昌、韶关、英德、清远和广州市,涉及大量的征地拆迁,地方协调任务非常艰巨。

**项目干系人多协调面广**:包括设计单位、土建单位、监理单位、材料供应商、工程检测单位、机电总承包供应商等,协调难度巨大。

**项目分段审批**:项目是分南段(清远和英德段)和北段(韶关和乐昌段)分开申报的,广乐高速公路事实上就是两个相对独立的项目。

广乐高速公路先行工程于 2009 年 11 月动工,2012 年 3 月拉开全线实质性施工序幕,2014 年 9 月全线通车。

透过以上信息可以看出,广乐高速公路项目无论从线路长度、地理空间范围、建设时间跨度、投资金额及专业复杂程度等,都需要建立一个复杂的工程组织来管理项目建设,同时需要设立现场管理机构,管理项目建设的质量、风险、环保、安全等。但随着工程建设的推进,尤其是当路基工程建设后,工程建设复杂度下降,工程人力资源需求的峰值开始下降,这时如果依然保持组织结构不变,不仅会浪费人力,同时也会影响组织效率,因此可以根据工程建设内容,调整组织结构,以适应工程建设内容动态调整的需要;同样的,工程到了竣工决算阶段,所需要的工程参建人员进一步下降,同时需要研究工程建成后运营的模式问题,此时组织上不仅工作内容发生调整,面临的未来工作重心也会有所差异,所需要的人力资源的结构和数量会发生相应的变化,因此需要进一步调整组织结构及岗位配置。

## 2.2　柔性组织演化设计

广乐公司结合超大型高速公路项目的实际,提出根据工程进展的不同阶段,对公司的机构与人员配置实施管理,采用"1+N"模式:"1"是指广乐公司,"N"是指现场管理组织。

施工阶段实施了"1+4"的管理模式,为了方便管理,广乐高速公路工程将全线划分为 30 个标段,通过公开招标的方式引进施工队伍,一个管理处管理若干个标段。同时建立起了一个由广乐公司总经理、党总支书记、总工程师、总经济师、总会计师、副总经理和 4 个管理处的主任、副主任、总工程师等共 28 人组成的领导班。28 人的领导班子带领广乐公司 190 多人的管理队伍,对广乐高速全线 124 个参建单位,3 万多名参建人员进行"树状"组织动态管理。

通过"1+4"的管理模式,广乐公司能随时了解掌握每一个标段工程进度、工程质量的情况。每月召开一次总经理办公会议,领导班子成员和部门负责人全部参加,对全线施工过程中发现的问题进行分析,研究解决办法。1 个总部,下设 4 个管理处,使广乐高速形成了一个覆盖全线的严密高效的管理网络。通过任务分解,责权结合,确保了各项工作扎实有效的推进。

"1+4"的模式是个柔性动态管理机构,它随着工程进展情况而调整、改变,同时只围绕着一个宗旨:调整到最为适合的模式,实现更为高效的管理。广乐高速工程管理组织演变经历了"1+0"、"1+4"、"1+2"、"1+2+1"和"1+1"的模式转变,最终实现由工程建设向管理运营的稳步过渡。各阶段科学合理的机构设置与人员配置使公司既节约管理成本,又高效推动项目建设的预期目标。

随着工程建设的推进,广乐高速公路组织的动态演化过程如图 2-1 所示。

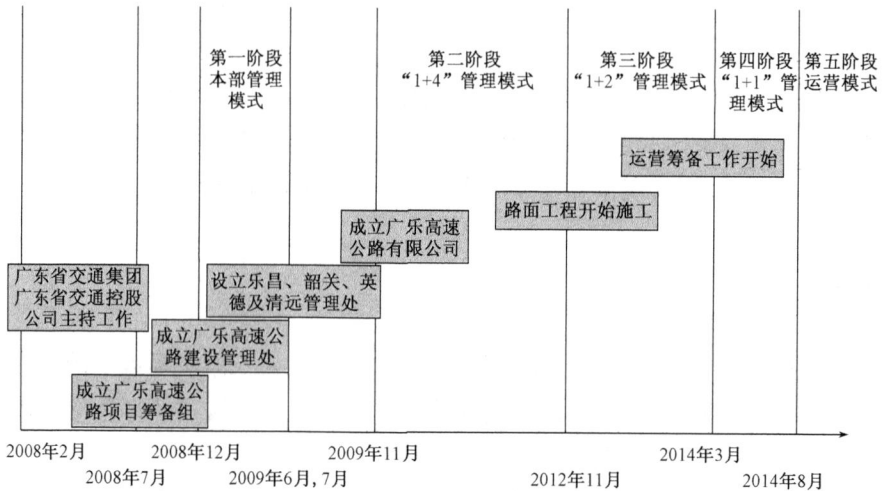

图 2-1  广乐高速公路柔性组织设计示意图

(1)第一阶段:广乐高速公路建设管理处(2008 年 12 月至 2009 年 7 月)

广东省交通厅在对广乐高速公路开展环境影响评估、地质灾害危险性评估、水土评估、工程场地地震安全性评估和防洪评估的基础上,确定了广乐高速公路由广东省交通集团以经营性模式投资建设和经营,由广东省高速公路有限公司负责开展项目的前期工作。广东省高速公路有限公司于2008 年 7 月 22 日成立了广乐高速公路项目筹备组,负责开展该项目的各项前期筹备工作,同时确定了广乐高速的股权结构为:广东省高速公路有限公司占 55%、广东省高速公路发展股份有限公司占 30%、广东省路桥建设发展有限公司占 15%。广东省高速公路有限公司牵头实施,并成立独立的项目公司负责具体的建设和经营管理。2008 年 12 月 30 日,广东省高速公路有限公司撤销了广东省高速公路有限公司广乐高速公路项目筹备组,成立了广东省高速公路有限公司广乐高速公路建设管理处,负责广乐高速公路建设管理工作。

在这个阶段,广乐高速公路建设管理处主要完成了环境影响评估、地质灾害危险性评估、水土保持评估、压矿调查评估、工程场地地震安全性评价、放射性评估、防洪评价、规划评价、规划选址、用地预审、初测外业及验收等，为工程开工做好了充足的准备。

（2）第二阶段：广乐高速公路本部＋4 个管理处组织管理模式（2009 年7 月至 2012 年 11 月）

针对广乐高速公路线路长、项目规模大的特点，2009 年 6 月广东省高速公路有限公司成立广东省高速公路有限公司广乐项目乐昌管理处、韶关管理处、英德管理处，分别负责广乐项目乐昌段、韶关段、英德段的建设管理工作。2009 年 7 月成立了清远管理处。2009 年 11 月 12 日，经广州市工商行政管理局核准，广东广乐高速公路有限公司（以下简称"广乐公司"）正式成立。广乐高速公路项目就形成了"1＋4"的组织管理模式。其中"1"为广乐高速公路本部，"4"为乐昌管理处、韶关管理处、英德管理处和清远管理处。

根据"1＋4"的管理模式，广乐公司把项目划分成了 30 个路基土建标，4个监督合同段。其中乐昌管理处对应 J1 监理合同段，所辖土建标为 T1—T7 标；韶关管理处对应 J2 监理合同段，所辖土建标为 T8—T15 标；英德管理处对应 J3 监理合同段，所辖土建标为 T16—T24 标；清远管理处对应 J4监理合同段，所辖土建标为 T25—T30 标。

全线设立的乐昌、韶关、英德、清远 4 个建设管理处，相对独立管理，发挥建设管理处在项目建设管理，特别是在现场工程管理及地方协调中的作用。广乐高速公路本部主要统筹广乐项目的安全、质量、技术、进度、合同、投资、造价、征地拆迁等工作。

（3）第三阶段：广乐高速公路本部＋南段管理处＋北段管理处的"1＋2"管理模式（2012 年 11 月至 2014 年 3 月）

（4）第四阶段：广乐高速公路本部＋运营筹备处的"1＋1"管理模式（2014 年 3 月至 2014 年 8 月）

（5）第五阶段：广乐高速公路有限公司（运营公司）（2014 年 8 月后）

## 2.3　"1＋4"管理模式

"1＋4"管理模式中，组织结构分为两个阶段，第一阶段是各个管理处中设立 4 个职能部门，包括综合事务部、计划合同部、工程管理部和征地拆迁部,如图 2-2 所示。随着工程的进展,适时成立房建机电部,负责机电工程和房建工程建设管理工作,如图 2-3 所示。

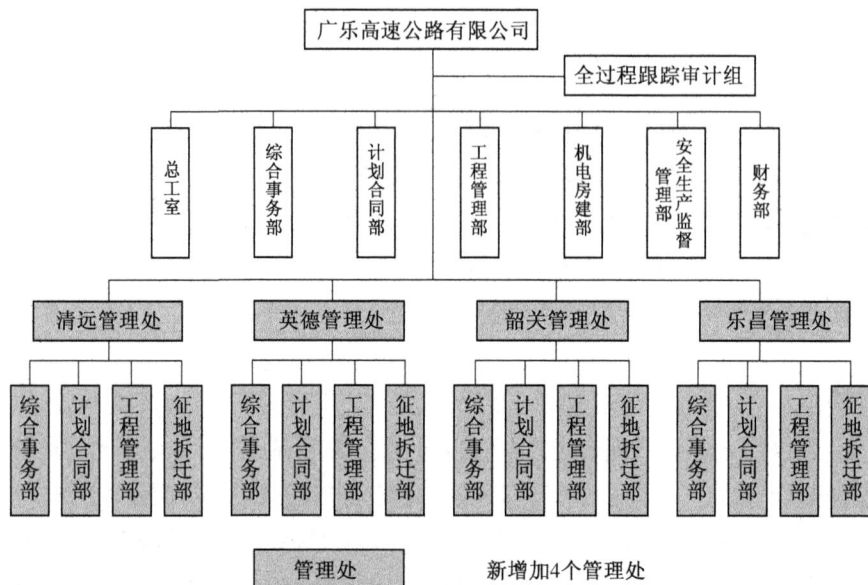

图 2-2　广乐高速公路有限公司"1＋4"组织框架(第一阶段)

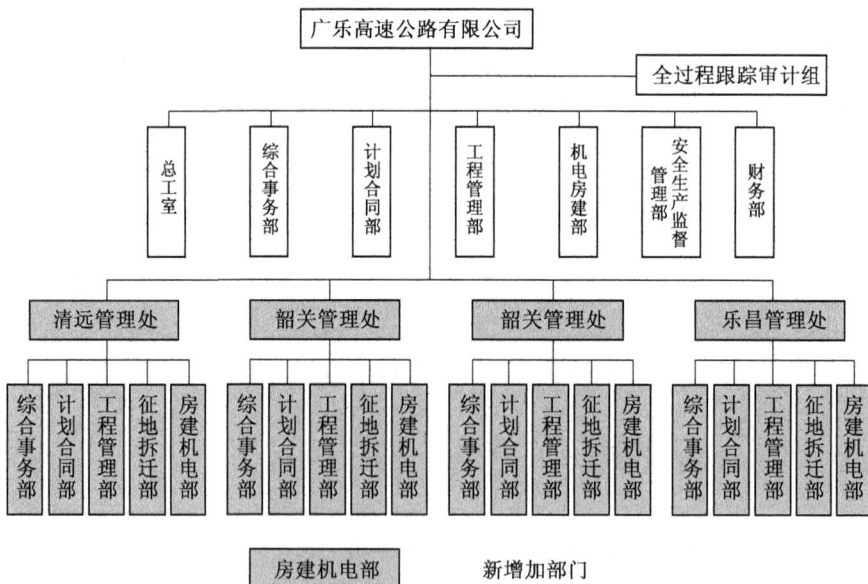

图 2-3　广乐高速公路有限公司"1＋4"组织框架(第二阶段)

### 2.3.1　广乐公司管理机构设置

广乐公司本部作为项目的总部设置在清远市区,实行董事会领导下的总经理负责制,下设综合事务部、计划合同部、工程管理部、机电房建部、财务部和总工室共六个职能部门,适时成立安全生产监督管理部。部门职责如下:

综合事务部:负责行政、文秘、信息、档案、后勤、保卫、人事、档案、党团、工会、计划生育等工作。

计划合同部:负责全线招标管理、计划管理、合同与支付管理、工程造价管理、统计等工作。

工程管理部:负责全线技术管理、质量管理、施工安全管理、监理协调、施工协调、征地拆迁及地方协调、前期专项等工作。

财务部:负责全线财务管理、会计核算、资金管理等工作。

机电房建部:负责全线的机电三大系统及隧道机电工程建设管理工作、统一全线房建工程的设计工作和管理工作等。

总工室:负责工程设计管理、技术管理、科研管理技术攻关和科技创新,并制定工程设计的相关技术标准,负责设计单位、设计顾问单位、科研单位的协调管理及技术专家顾问的管理工作。

安全生产监督管理部:负责拟定公司安全管理目标,制定安全管理制度,负责对政府行政主管部门的安全报监,参与重大以上安全事故的调查处理。

全过程跟踪审计组:广东省政府成立广乐高速公路工程全过程跟踪审计组对工程建设进行监督和审计。

### 2.3.2　管理处机构设置

广乐公司全线设立乐昌、韶关、英德、清远 4 个建设管理处,建设管理处相对独立管理。发挥建设管理处在项目建设管理,特别是在现场工程管理及地方协调中的作用。对管理处的管理方面,广乐公司贯彻"充分授权、管理到位"的原则,在充分发挥管理处作用的同时,对管理处的工作开展情况进行协调监督,促进各管理处工作协同发展。管理处部门职责:

综合事务部:负责行政、文秘、信息、档案、后勤、安全保卫工作;配合广乐公司做好所属管理处管理费用的财务管理、会计核算工作。

工程管理部:负责所辖路段技术管理、质量管理、监督协调、变更管理、施工协调等工作。

计划合同部:负责所辖路段计划管理、合同管理、统计等工作。

征地拆迁部:主要负责所辖路段征地拆迁工作。

房建机电部:主要负责房建工程、机电管理的建设管理工作。

### 2.3.3　界面管理和授权管理

1. 广乐公司权责

广乐公司贯彻"充分授权、管理到位"的原则,在此基础上,广乐公司按照精简、高效、责任到位和短链条运作的原则开展工程建设管理工作。

广乐公司按照"管理落地、放而不乱、控而不死"的原则将管理权力和对应的责任下放至各管理处,确保各管理处对建设各方的管理行之有效。广乐公司统筹项目的安全、质量、技术、进度、合同、投资、造价、征地拆迁等工作,承担项目负责建设管理责任,主要权责:

(1) 提出和确定广乐项目的管理方案和目标;

(2) 对项目建设重大事项与政府、主管部门和建设各方协调;

(3) 负责办理项目基建审批手续;

(4) 负责项目设计和招标工作;

(5) 负责项目融资、支付和财务管理工作。

2. 管理处权责

管理处按照确定的权责范围以及项目管理方案和目标,具体负责所管辖路段的建设管理并负建设管理直接责任,确保项目管理落地和责任到位,主要权责:

(1) 具体负责所辖路段的安全、质量、技术、进度、计量、造价、征地地方协调等工作;

(2) 在确定的权责范围内,履行合同的权利、责任和义务,以及发挥合同对双方的管理职能。广乐公司本部和管理处主要权限包括合同管理、计量支付和变更设计。

3. 界面管理

(1) 合同管理

广乐公司本部和各管理处加强合同管理并控制风险;广乐公司本部指定各类合同范本,并加强对管理处负责合同部分的指导和监督;各管理处按照广乐公司部门的合同范本所拟定的条件开展合同谈判,并加强和其他管理处的沟通。合同管理权责分工如下:

广乐项目各类合同均以广乐公司名义签订合同。

非招标项目之建筑安装、机电设备和材料采购的补充合同、征地拆迁及补充个案合同（含管线拆迁和线外补偿等），合同金额超过 200 万元（含 200 万元）的，广乐公司在签订合同前将合同的主要内容以意向形式上报省公司批准；合同金额在 100 万至 200 万元（含 100 万元）的，由广乐公司自行确定合同的内部审批方式；合同金额在 100 万元以内的征地拆迁个案合同（含管线拆迁和线外补偿等），由管理处负责组织合同谈判并履行其内部审核程序后由广乐公司总经理直接签署，广乐公司不对此类合同进行程序性审查。

非招标项目之设计、科研、咨询、检测、监测等咨询类合同，合同金额超过 50 万元的，广乐公司在签订前将合同的主要内容以意向形式上报省公司批准；合同金额在 50 万元（含 50 万元）以下的，由广乐公司自行确定合同的内部审批方式。

广乐公司本部合同管理流程见图 2-4，管理处合同管理流程见图 2-5。

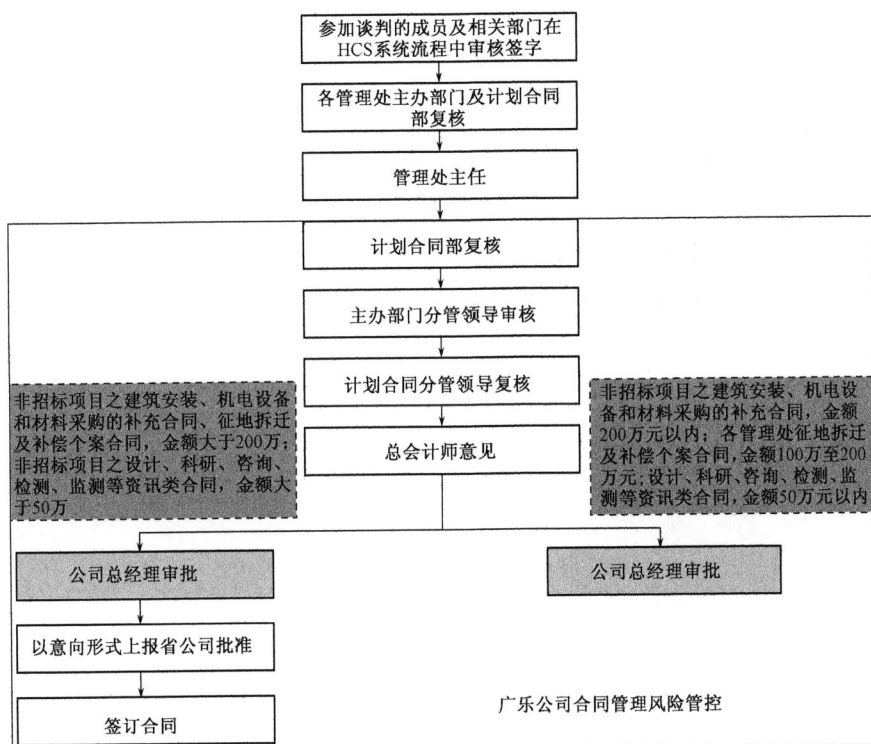

**图 2-4　广乐高速公路合同管理流程示意图**

```
┌─────────────────────────┐     ┌─────────────────────────┐
│ 各管理处辖区内征地拆迁个案    │     │ 参加谈判的人员在HCS系统流程   │
│ 补偿合同(含管线拆迁和线外     │     │     中审核签字            │
│ 补偿等),合同金额100万元以内   │     └───────────┬─────────────┘
└─────────────────────────┘                 ↓
                                ┌─────────────────────────┐
                                │      各管理处经办人         │
                                └───────────┬─────────────┘
                                            ↓
                                ┌─────────────────────────┐
                                │      各管理处主办部门       │
                                └───────────┬─────────────┘
                                            ↓
                                ┌─────────────────────────┐
                                │      各管理处计划合同部     │
                                └───────────┬─────────────┘
                                            ↓
                                ┌─────────────────────────┐
                                │      各管理处业务分管领导   │
                                └───────────┬─────────────┘
                                            ↓
                                ┌─────────────────────────┐
                                │      各管理处计划分管领导   │
                                └───────────┬─────────────┘
                                            ↓
                                ┌─────────────────────────┐
                                │      各管理处主任           │
                                └───────────┬─────────────┘
                                            ↓
                                ┌─────────────────────────┐
                                │      各管理处经办人审批     │
                                └───────────┬─────────────┘
                                            ↓
                                ┌─────────────────────────┐
                                │     公司总经理直接签署      │
                                └─────────────────────────┘
```

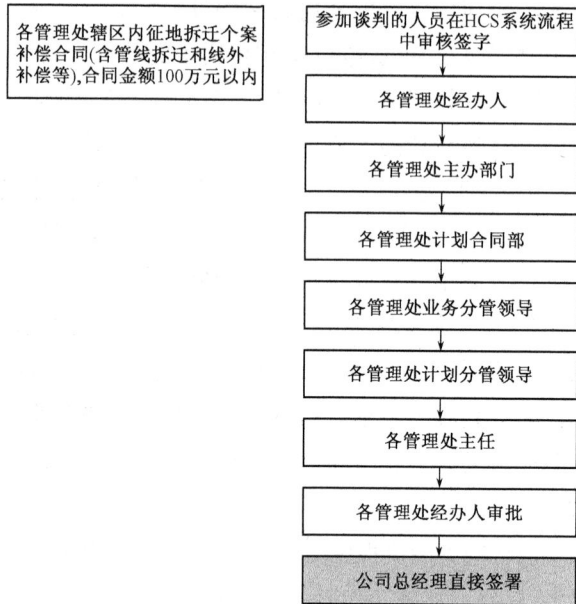

**图 2-5　广乐公司管理处合同管理流程示意图**

（2）计量和支付

计量:管理处全权负责管辖路段工程的计量。

支付:广乐公司在收到管理处提交的支付申请后,经计划合同部复核,分管计划合同的副总经理或总会计师审核后,由广乐公司总经理审批支付。

计量和支付流程如图 2-6 所示。

施工承包商编制工程计量申请

联合现场计量

施工单位计量工程师
填写《中间计量单》

工地负责人和承办人
签认《中间计量单》

现场监理、专业监理工程师
现场复核《中间计量单》

总监办审核《中间计量单》

管理处工程管理部审查

管理处计划合同部审查

管理处分管领导审查

管理处主任审批

管理处计划部
经办人开付款通知单
计划合同部复核

管理处计划合同部
分管领导审批

管理处计划合同部
经办人复核
负责人复核

广乐公司
分管计划合同副总经理审查

广乐公司
总会计师审查

广乐公司
总经理审批

广乐公司
财务部支付工程款

主要内容：
计量资料
工程质量
工程数量

主要内容：
支付单价问题

计量流程

支付流程

管理处主任审批

广乐公司总经理审批

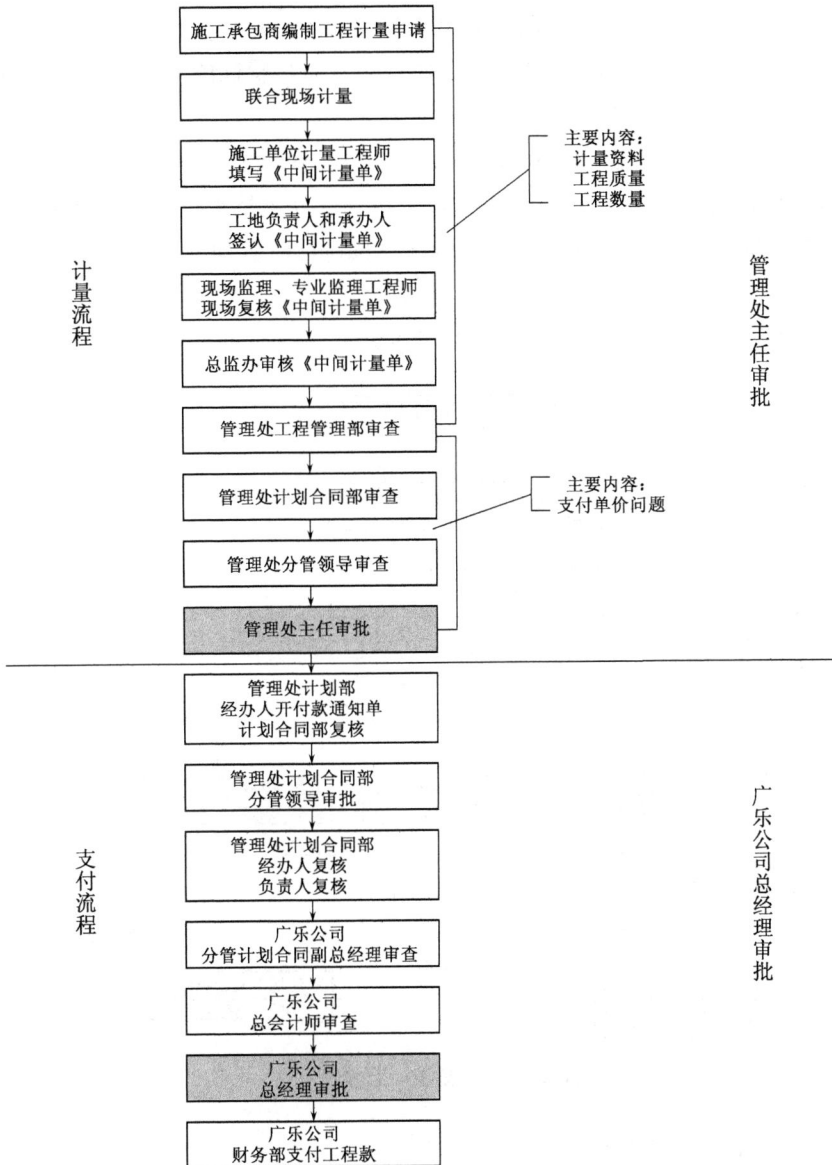

**图 2-6　计量和支付流程示意图**

（3）变更设计

按照目前一般建设项目变更设计的等级负责原则：

A类由交通厅主持或授权，省交通集团有限公司支持审查；

B类原则上由省交通集团有限公司支持，在其授权情况下，可由广东省高速公路有限公司主持审查；

C1类变更设计由省公司授权，广乐公司或管理处支持审查；

C2、D、E类变更设计由广乐公司授权管理处主持审查。除重新编制预算确定的变更工程新增单价需上报省公司审批外，其他变更工程新增单价由广乐公司审批确定。

建设项目变更设计流程如图2-7所示。

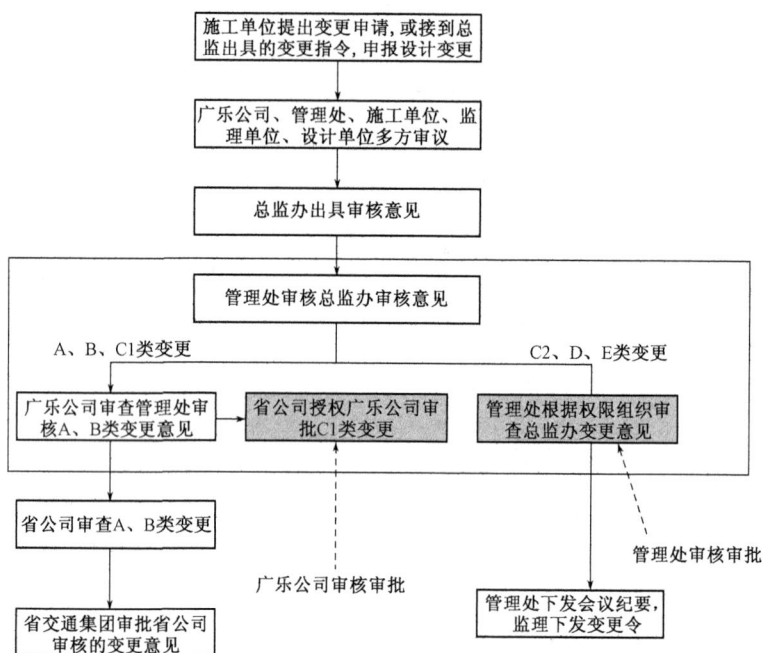

**图 2-7  变更设计流程示意图**

（4）人力资源管理

广东公司调配的人员统一安排到广乐公司，由广乐公司根据工作需要，分配到管理处或本部。

**招聘:** 员工招聘工作由广乐公司组织协调落实，并由广乐公司分配到各管理处或本部。员工在广乐公司内部的调配由广乐公司负责。员工的定岗、定级、职务晋升由管理处提出意见,由广乐公司研究最终确定。

**劳动关系管理:**除与广东省高速公路有限公司签订劳动合同的员工外,其余员工的劳动合同由广乐公司统一签订。

**薪酬福利管理:**广乐公司制定本公司的薪酬管理办法,员工薪酬福利由广乐公司管理。

**绩效考核管理:**广乐公司制定本公司员工绩效考核管理办法。

广东省高速公路有限公司负责对广乐公司本部管理层及各管理处的管理层进行考核。

广乐公司本部部门经理和副经理由本部和管理处管理层进行考核。

广乐公司管理处部门经理和副经理由管理处管理层和广乐公司业务分管领导进行考核。

## 2.4　"1+2"管理模式

### 2.4.1　前言

本着精简、高效的原则,在建设高峰期实施"1+4"模式,路面工程及后续工程施工期实施"1+2"模式,上下联动,高效推进大型高速公路项目的实施。按照工程总体计划,2012 年 9 月,路面工程、路基工程、路基桥涵工程、一般桥涵工程、桥梁基础、桥梁上下构造等工程基础工作已经完成,一些工程已经接近尾声,为了提高组织运作效率,对路面工程施工进行组织优化。优化的原则面向运营,即通过管理的统一性,使广乐高速公路路面工程、机电工程、交通工程等,都着眼于运营,有效避免了管理脱节、协调障碍,以及工程先天不足,同时通过优化广乐公司组织结构,提高组织运行效率。基于分析及上述原则,建议广乐公司进行如下组织调整。

① 韶关管理处合并至乐昌管理处成北段管理处,英德管理处合并至清远管理处成南段管理处。相同部门进行合并,即两个管理处的综合事务部合并,计划合同部合并,工程管理部合并,征地拆迁部合并,房建机电部合并,合并的组织根据业务内容进行岗位设置和人员配置,人员配置的过程中要充分考虑工程前期的延续性、后续业务量的大小和复杂程度,并兼顾考察两个管理处的现有人力资源情况。

② 北段管理处办公地点置于原韶关管理处;南段管理处办公地点置于原清远管理处,与广乐公司合署办公。

③ 随着征地拆迁工作的完成,南段管理处和北段管理处征地拆迁部和工程管理部合并,在工程管理部下设征地拆迁组,完成征地拆迁后续问题处理。

④ 机电工程建设管理模式,南段和北段管理处分别负责各自所辖范围内的机电工程建设。广乐公司统筹机电工程的技术、招投标、安全、质量、技术、进度、合同、投资、支付等工作,管理处具体负责所辖路段的安全、质量、技术、进度、计量等工作。

⑤ 房建工程采取南段和北段分工施工建设管理,在广乐公司的监督管理下由管理处负责建设管理,广乐公司和管理处分工和职责同路基工程。

⑥ 南段管理处和北段管理处成立后,南段管理处管理原清远和英德管理处的施工承办单位、监理单位和检测单位等参建单位。北段管理处管理原韶关和乐昌管理处的施工承办单位、监理单位和检测单位等参建单位。南段管理处和北段管理处管理范围见表2-1。

表 2-1  南段管理处和北段管理处管理的参建单位表

| | 业务 | 南段管理处 | | 北段管理处 | |
|---|---|---|---|---|---|
| 1 | 路基设计 | A1 标、A2 标 | | A1 标 | |
| | | B 标 | | | |
| 2 | 路基施工 | T29 标—T34 标 | T22 标—T28 标 | T12 标—T19 标 | T1 标—T11 标 |
| | | T27 先行标 | | T10 控制性工程 | T4 先行工程 |
| | | | | | T5 控制性工程 |
| 3 | 路基施工监理 | J4 标 | J3 标 | J2 标 | J1 标 |
| 4 | 材料采购 | 水泥(二)CL06 | 水泥(二)CL05 | 水泥(一)CL03 | 水泥(一)CL01 |
| | | 水泥(二)CL07 | | 水泥(一)CL04 | 水泥(一)CL02 |
| | | 钢筋 CL09 | | 钢筋 CL08 | |
| | | 钢绞线 CL13 | | 钢绞线 CL132 | |

(续表)

| | 业务 | 南段管理处 | | 北段管理处 | |
|---|---|---|---|---|---|
| 5 | 工程检测 | JC4 标 | | JC3 标 | JC1 标 |
| | | | | | JC2 标 |
| | | JM3 标 | | JM2 标 | JM1 标 |
| | | ZJ3 标 | ZJ3 标 | ZJ2 标 | ZJ1 标 |
| 6 | 第三方质量监控 | JK3 标 | | JK2 标 | JK1 标 |
| 7 | 高边坡施工检测 | BP4 标 | BP3 标 | BP2 标 | BP1 标 |
| 8 | 软基施工检测 | RJ2 标 | | RJ1 标 | |
| 9 | 水土保持 | ST 标 | | | |
| 10 | 特大桥施工监控 | JQ3 标 | | JQ2 标 | JQ1 标 |
| 11 | 档案编制 | DA2 标 | | DA1 标 | |
| 12 | 路面施工 | LM6 标 | LM4 标 | LM2 标 | LM1 标 |
| | | LM7 标 | LM5 标 | LM3 标 | |
| 13 | 管道工程 | GD4 标 | GD3 标 | GD2 标 | GD1 标 |
| 14 | 三大系统 | JD2 标 | | JD1 标 | |
| 15 | 隧道机电 | SJ4 | | SJ3 标 | SJ1 标 |
| | | | | | SJ2 标 |
| 16 | 外供电 | WD3 标 | | WD2 标 | WD1 标 |
| 17 | 机电监理 | JJ3 标 | | JJ1 标 | |
| 18 | | | | JJ2 标 | |

## 2.4.2 "1＋2"组织结构

广乐高速公路"1＋2"组织管理模式,南段和北段管理处组织结构分为两个阶段。

第一阶段:南段和北段管理处设立综合事务部、计划合同部、工程管理部、征地拆迁部和房建机电部,如图 2-8 所示。

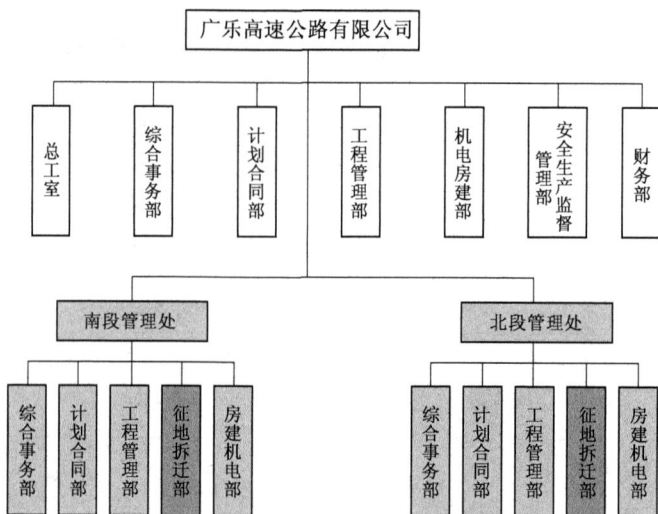

图 2-8　广乐高速公路有限公司"1+2"组织结构示意图(第一阶段)

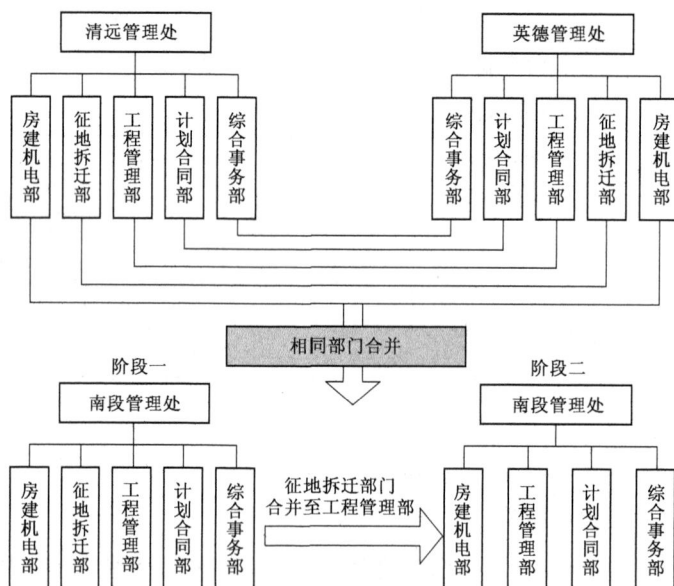

图 2-9　清远和英德管理处组织合并示意图

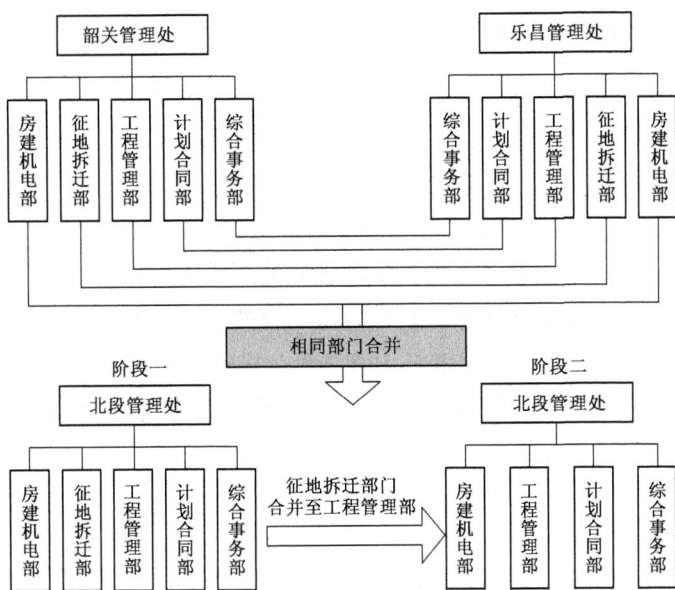

**图 2-10　乐昌和韶关管理处组织合并示意图**

　　第二阶段:随着征地拆迁工程的结束,南段和北段管理处的征地拆迁部撤掉,其相关功能合并至工程管理部,完成后续的相关工作,如图 2-9、2-10 所示。此时南段和北段管理处设立综合事务部、计划合同部、工程管理部和房建机电部,如图 2-11 所示。

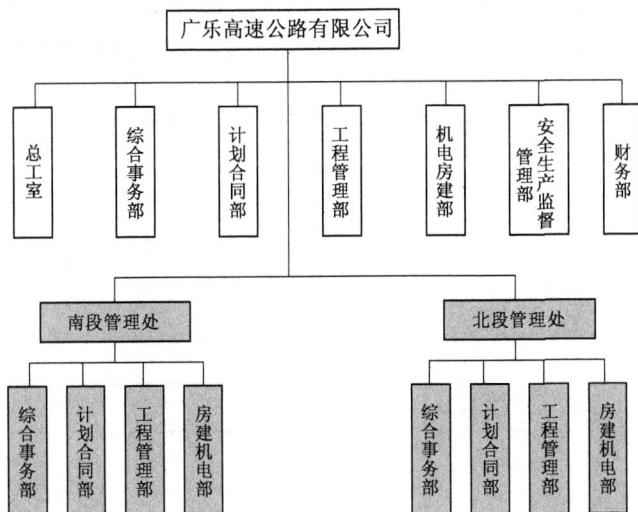

**图 2-11　广乐高速公路有限公司组织结构示意图(第二阶段)**

### 2.4.3 机电房建管理模式设计

广乐高速公路机电房建的工程量比较大,持续时间比较长,为了能够衔接后续的运营,配合广乐公司"1+2"的组织管理模式,结合机电工程分标和监理分标的情况(表2-2和表2-3)及广乐高速公路机电工程和房建工程结构分解,机电工程和房建工程可以采取以下建设管理模式,即机电工程和房建工程采取由南段管理处和北段管理处分别承担相应的建设管理,如图2-12所示。广乐公司负责机电和房建工程的技术、招投标、进度控制、质量、计量支付等,南段管理处和北段管理处分别承担所辖范围内的机电工程和房建工程的施工建设管理,广乐高速公路机电房建部和南段及北段房建机电管理岗位设置见表2-4。

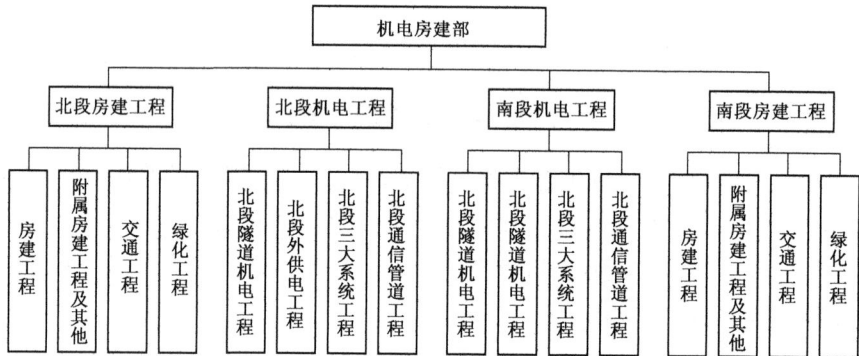

**图2-12　广乐高速公路有限公司机电房建结构示意图(第二阶段)**

**表2-2　机电工程分标情况和监理分标情况统计表**

| 工程名称 | 标段划分 | | | | | 备注 |
|---|---|---|---|---|---|---|
| | 标段数量 | 乐昌 | 韶关 | 英德 | 清远 | |
| 管道工程 | 4 | GD1 | GD2 | GD3 | GD4 | |
| 三大系统 | 2 | JD1 | | JD2 | | |
| 隧道机电 | 4 | SJ1/SJ2 | SJ3 | SJ4 | | 待定 |
| 外供电 | 3 | WD1 | WD2 | WD3 | | |

表 2 - 3　机电监理分标情况表

| 监理标段 | 主要工程量 | 对应机电标段 |
|---|---|---|
| JJ1 | 北段 19 条隧道通风、照明、隧道群全路段照明以及外供电工程 | SJ1、SJ2、SJ3、WD1、WD2 |
| JJ2 | 北段 161.58 千米机电三大系统、通信管道 | JD1、GD1、GD2 |
| JJ3 | 南段 9 条隧道通风、照明、消防及 139.4 千米机电三大系统、通信管道、外供电 | SJ4、SJ5、JD2、GD3、GD4、WD3 |

表 2 - 4　广乐高速公路机电房建部和南段及北段房建机电管理岗位设置

| 岗位设置 | | 人数 | 备注 |
|---|---|---|---|
| 广乐高速公路机电房建部 | 经理 | 1 | |
| | 副经理 | 1 | 负责房建工程 |
| | 机电工程师 | 2 | |
| | 房建工程师 | 1 | |
| | 资料管理员 | 1 | |
| | 小计 | 6 | |
| 北段管理处 | 经理 | 1 | 负责房建工程 |
| | 副经理 | 1 | |
| | 管道管理员 | 2 | 设置于乐昌管理处 |
| | 三大系统管理员 | 1 | 乐昌段 5 人(管道 1 人、隧道机电 2 人、外供电 1 人、房建 1 人) |
| | 隧道机电管理员 | 3 | 韶关段 6 人(管道、三大系统、隧道机电各 1 人、外供电 1 人、房建工程师 1 人) |
| | 外供电管理员 | 2 | |
| | 房建工程师 | 2 | |
| | 小计 | 12 | |
| 南段管理处 | 经理 | 1 | 负责房建工程 |
| | 副经理 | 1 | 设置于清远管理处,可考虑与本部机电房建部合署办公 |
| | 管道管理员 | 2 | 英德段 2 人(管道 1 人、房建管理员 1 人),其余 6 人安排于清远段 |
| | 三大系统管理员 | 1 | |

（续表）

| 岗位设置 | 人数 | 备注 |
|---|---|---|
| 隧道机电管理员 | 1 | |
| 外供电管理员 | 1 | |
| 房建工程师 | 2 | |
| 小计 | 9 | |
| 合计:27 | | |

## 2.5　人力资源负荷演化

从图 2-13 可以看出,广乐高速公路在建设过程中,人员的负荷处于动态演化中。2008 年之前,公司的重大决策主要在总公司,2008 年 12 月成立广乐高速公路建设管理处,人员负荷在 47 人;而到 2009 年 7 月成立 4 个管理处,人员分布主要在广乐公司和管理处,广乐公司 51 人,管理处 102 人,在此阶段,开展了大规模的工程施工建设工作,广乐公司保持着组织和人员的相对稳定性,而管理处则随着建设内容的变化而进行必要的调整,使工程组织达到最经济适用的负荷。2013 年路面施工接近尾声的阶段,管理处的

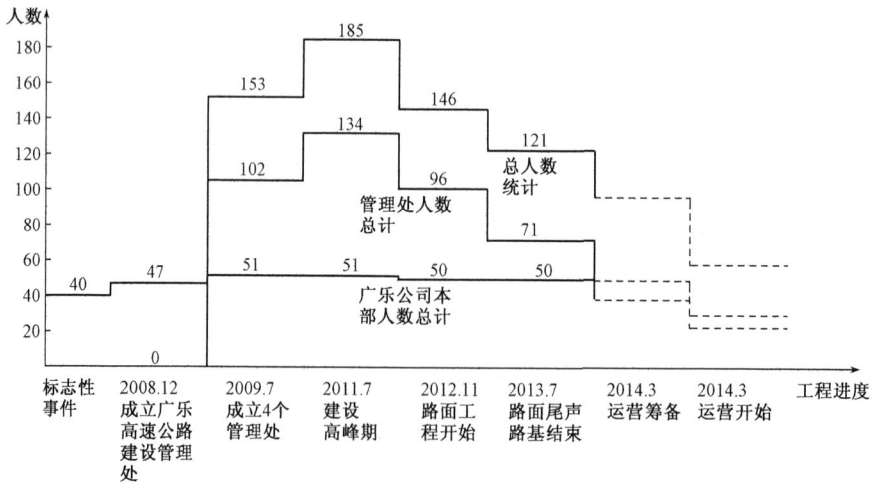

图 2-13　广乐高速公路柔性组织人员负荷图

建设管理人员锐减到 71 人,只是高峰时总人数的三分之一多。运营筹备及运营阶段,广乐公司进行了大幅度人员结构优化,调整人员结构,以满足负荷建设和运用的需要。

广乐高速公路柔性组织的设计不仅满足工程建设的需要,更重要的是这样的柔性组织能够高效运作,极大减少了人员和管理资源的冗余。

# 第3章　广乐高速公路柔性组织文化管理

## 3.1　文化建设动因

广乐高速公路项目是目前我国高速公路建设规模大、专业类型广（桥、路、隧）的交通工程之一，其中大瑶山隧道群段地质条件和施工环境复杂、技术含量高、施工期短、分项工程多、环保要求高，工程建设极具挑战性，为目前国内建设规模大、技术含量高且最具挑战性的公路项目之一。

为适应工程建设过程环境的动态性和复杂性，以高效的绩效对环境变化做出调整，广乐高速公路有限公司（以下简称"广乐公司"）进行有效的管理创新，根据工程建设阶段的特点和任务，打造了广乐公司文化，充分发挥文化在提升工程建设管理水平上的作用，全面推进广乐高速公路项目优质高效的建设。广乐公司文化是以工程建设为主要任务的文化，服务于工程建设目标的实现。

## 3.2　精神与价值观

广乐公司文化核心价值观是对包括物质文化、制度文化和精神文化的高度概括和集中提炼，是广乐公司文化深层次的宗旨追求。通过对广乐公司文化的建设，将信奉和倡导的价值理念付诸广乐高速公路建设管理之中。

根据广乐高速公路项目定位和建设目标五个"示范工程"，提炼了广乐公司的核心价值体系，包括：

建设目标——安全、优质、高效、和谐、创新。

企业价值观——广行天下，乐善通达。

企业精神——尊重劳动、为民造福、敢于为先、勇于跨越。

企业使命——自主创新、追求卓越，为用户提供优质服务，成为一流里程碑高速公路工程。

管理理念——和谐、合作与培育。

## 3.3 文化建设实践

广乐高速公路作为广东省迄今为止投资最大、线路最长、参建队伍最多的高速公路项目,一直备受社会各界关注。面对错综复杂的社会环境、繁重的工程建设任务,广乐公司构建了惩罚体系,把廉洁风险防控工作融入大型高速公路项目建设管理中,确保实现权力行使安全、资金运用安全、项目建设安全和干部成长安全,为大型工程廉政文化的建设做了一些新的探索。

### 3.3.1 人本文化——善待员工,给每个人成长机会

人本文化是以人为本的文化理念,以人本主义为核心的文化。

广乐公司牢固树立以人为本的理念。广乐公司参建者按工作性质划分为管理人员和施工人员。管理人员由于文化程度较高、工作稳定、有较好的生活保障,所以他们希望有更多的成长机会和更大的发展空间。广乐公司采用"1+4"的管理模式,设立广乐公司本部和4个管理处,每个管理处给予充分的权限,项目建设管理中,充分授权,员工得到了充分的锻炼,为将来更好的发展奠定了基础。

第一,工程是一线施工工人用双手干出来的,一线施工人员大部分是原农业人口的转移,文化程度较低,技术水平不高,有的甚至没有参加过工程建设,所以他们希望能通过学习掌握某些技能,便于在职业生涯中有一技之长。同时,施工人员绝大部分是家庭的主要经济支柱,他们对劳动报酬也充满着期待。为此广乐公司设计全线覆盖整个建设期的劳动竞赛,并提出"竞赛在基层,奖励到一线"的基本原则,设立了劳动竞赛专项资金,对评定的先进集体和个人予以奖励,重点奖励一线施工工人,调动和激发一线施工工人的工作积极性。劳动竞赛过程中事迹特别突出者,符合清远市、韶关市、广州市劳模条件的由劳动竞赛委员会分别向清远市、韶关市和广州市工会申报市劳动模范奖章;符合广东省省部级劳模的,由广乐竞赛委员会逐级向广东省推荐,施工工人可以得到应有的奖励和待遇。

第二,做大事的必要条件。胸襟不大,事业就一定做不大。公司不能善待员工,特别是一线施工人员,员工的异常情绪必然会带到生产中去,从而影响工程品质,并最终使国家与人民利益受损。善待员工,让每个人成长,已经成为广乐公司的核心价值观和文化体系中的重要组成部分。

### 3.3.2 质量文化——标准化先行提质量,双标引领上水平

质量文化就是工程建设实践中,企业管理层特别是主要领导倡导的、职工普遍认同的、逐步形成并相对固化的群体质量意识、质量价值观、质量方针、质量目标、采标原则、检测手段、检验方法、质量奖惩制度的总和。

建设过程中,广乐公司坚持"安全第一、质量至上、工期服从质量安全"的原则,通过强力推进"双标"管理、合理利用经济杠杆、加强质量监控、开展专项治理等多种途径,严把工程质量关,为争创优质工程、精品工程打下了坚实的基础。

(1)推进"双标"管理

广乐公司以贯彻落实"双标"管理为主线,通过全面动员、明确目标、建章立制、分解责任、层层落实、强化考核、树立标杆、奖优罚劣等有效手段,建立起纵向到底、横向到边的责任体系,并在全线确立了55个标杆工程参选项目,各施工合同中制定了具体的标杆工程实施方案,通过树立标杆、以点带面、示范引领,大力营造"你追我赶、争先进位"的良好氛围,有效促进了项目建设管理,质量水平明显提升。

(2)合理利用经济杠杆

通过合同条款落实"优质优价""优监优酬"的实施意见,用制度让"标准成为文化,文化符合标准,结果达到标准"。通过奖优罚劣,全面促进标准化建设,提高工程质量,营造争先创优的良好气氛,并取得了显著效果。

(3)全方位加强质量监控

通过组织定期与不定期的质量检查,大力加强原材料管理,加强施工工艺及工序监督。同时,路基、桥涵及隧道工程的实体质量检测,除各监理单位规定检测频率外,还重点加强了第三方质量监控、桩基检测、隧道监控量测及超前地质预报、隧道锚杆无损监测等。通过业主第三方的日常检测及时掌握施工质量情况,以检测数据及时指导现场施工及质量管理。

(4)积极开展劳动竞赛

劳动竞赛是促进广乐高速公路建设总体目标实现的重要管理手段,也是公司文化创新的一个重要方面。为又好又快地推进项目建设,广乐公司大力开展以"争先创优"为主题的劳动竞赛活动,实现竞赛管理目标化、竞赛项目系列化、竞赛内容多样化、竞赛检查经常化、竞赛考核制度化,使竞赛活动做到统筹安排、有序推进,形成良好的"比、学、赶、帮、超"文化氛围。通过

开展劳动竞赛,为工程建设带来了"争先创优"、"争当标杆"新气象新文化,有效地提升了工程质量。

### 3.3.3　安全文化——以标准化推动平安工地,以信息化确保工地平安

安全文化就是安全理念、安全意识以及在其指导下的各项行为的总称,主要包括安全观念、行为安全、系统安全、工艺安全等。

广乐高速公路项目建设牢固树立安全生产理念,构建安全文化体系,进一步强化基础和细节管理,坚持从源头抓起,通过加强组织机构和制度建设,落实安全责任制,加大宣传教育培训和安全检查力度,及时整治安全隐患,积极推进"平安工地"建设活动,落实"双基"管理工作,为创建广乐高速公路"零伤亡"工程打下坚实的基础。

(1)建立有效安全生产运行机制

加强各类生产安全事故应急管理,广乐公司本部、各管理处、各施工和监理单位,一是均建立了安全生产领导小组及办公室、各级事故应急指挥中心等组织机构。二是全面梳理、细化、健全、完善了《安全生产管理办法》等安全管理制度体系并编印成册。三是通过举办讲座、组织安全生产相关负责人参加安全生产继续教育培训、各项目部民工夜校、印发《施工现场安全生产手册》等手段加强从业人员的安全培训和教育,进一步提高从业人员的安全意识。四是按照"谁主管、谁负责,群策群力、齐抓共管"的原则,通过签订《安全生产责任书》,量化、细化管理目标,实现分级管理,确保责任落实到位,在管理上做到横向到边,纵向到底,形成齐抓共管的良好局面。五是加大监督检查力度,对检查中发现的安全隐患,责令受检单位或个人限期整改,对未能及时整改的均采取严格的临时防范措施,并落实跟踪负责人跟进。

(2)结合"双标"工作创造性地开展安全生产管理工作

一是根据省交通集团"平安工地"建设活动的实施要求,在集团和省高指导下,广乐公司将"平安工地"建设与"双标"管理紧密结合,切实将安全生产法律法规、技术标准落实到基层,做到施工现场安全防护标准化、场容场貌规范化、安全管理程序化。二是结合项目实际,建立了广乐项目应急预案体系,并经过专家评审,成为省高系统内第一家在省安监局备案的单位。三是加强施工危险源的管理与控制,通过抓各标段对施工危险源预警挂牌管理制度、实施班前会学习制度的落实,有效降低了施工风险。自开工到

2012年2月,公司和各管理处组织安全生产综合检查43次,查出安全隐患677处,及时采取防范措施,消除隐患。四是积极开展"安全生产月""应急演练月"等专项活动,各管理处联合所辖标段根据实际举行了隧道突泥涌水、施工高处坠落、桥梁支架坍塌等一系列应急演练,通过演练有效提高了应急处理能力。

（3）信息化全面提升安全管理水平

一是全面落实推广使用安全生产管理信息系统,实现省高、公司、管理处、监理及施工单位安全生产管理信息的互通,形成上下协同、信息共享、动态监督的安全管理网络办公平台,使公司能及时掌握整体的生产安全状况,对重大危险源信息实现动态管理、汇总分析,对事故隐患能及时、科学地提出预防方案和整改措施。二是对全线施工关键点实施监控,施工监控系统的建设和试点使用,为项目现场安全管理信息化建设提供了技术支持,为工程建设的安全生产和应急救援提供了有力保障。三是启用了隧道无线监控定位系统,该系统在T4标大瑶山1号隧道和T10标长基岭隧道安装投入使用,为及时监管隧道施工人员的作业情况提供了条件,有效保证进洞人员的安全,大大减少了施工安全事故发生的概率。作为省安全生产科技发展项目,该系统已通过了省安全监督管理局鉴定验收。

（4）加强安全专项费用管理,实施工程进度和劳动竞赛奖励

广乐公司制定的《安全生产费用管理办法》明确了安全专项费用的提取标准、支付要求、使用范围等内容,同时加大安全生产费用使用情况的检查力度。广乐公司将施工单位的安全生产管理与工程进度奖金挂钩,并作为劳动竞赛评比的门槛条件,对在平安工地建设工作中季度考核不达标的标段取消该标段的季度考核奖金和劳动竞赛评比资格。

2011年,广乐公司顺利通过了广东省交通运输厅验收,荣获"广东省公路工程'平安工地'示范工程"的称号,同时被交通运输部评为第一批"平安工地"示范工程。

### 3.3.4 廉政文化——构建廉政风险防控管理新机制,争创廉政阳光示范工程

廉政文化是以廉政为思想内涵、以文化为表现形式的一种文化,是廉政建设与文化建设相结合的产物。一方面,廉政文化进工程是外部需要,是进一步落实惩罚体系实施细则、增强廉政教育针对性和有效性的具体举措,是

全面贯彻落实中央和省市关于加强廉政文化建设工作的需要,也是针对建设领域案件多发,从源头上预防和减少腐败的需要;另一方面,廉政文化进工程是内部需求,从施工企业的层面来看,推进廉政文化进工程,是企业持续发展的必要条件,是工程顺利实施的重要保障,是企业文化的重要组成部分。

"腐败之事不在小,绊人之桩不在高",质量、安全、廉政是公路建设中的三根高压线,廉政建设是工程建设管理中的重中之重。广乐高速公路项目建设始终坚持把"创先争优"与廉政建设相结合,并贯穿于工程项目的全过程,大力推进廉政工程建设,坚持把廉政建设与项目建设工作摆在同等重要的位置,切实做到同步谋划,同步落实。

广乐公司积极开展廉洁从业教育活动,制定《广乐公司廉洁从业教育活动实施方案》,召开活动动员大会,开展警示教育活动,与员工签订廉洁从业承诺书,并开展专项预防职务犯罪工作。坚持"一手抓工程建设,一手抓廉政建设"的原则,坚持贯彻"标本兼治、综合治理、惩防并举、注重预防"的方针,与清远市、韶关市、花都区三地检察院联合开展专项预防职务犯罪工作。项目开工建设以来,没有发生违法违纪事件。

广乐公司狠抓责任落实,严格按照基建程序,以"四个确保"快速推进工程建设:① 确保政府审批文件齐全;② 确保批复的时间顺序符合规定;③ 确保建设内容符合审批文件规定;④ 确保符合国家法律法规规定。

按照"一岗双责"的要求,由公司每年与各管理处、各部门负责人签订党风廉政建设责任书,并在公司与参建单位签订工程和廉政建设"双合同"的基础上,要求管理处每年与参建单位签订党风廉政建设责任书。此外,为把党风廉政建设责任制扩展到每一位员工,我们还与每位员工签订廉洁从业承诺书,把员工落实廉洁从业承诺的情况作为年度绩效考核的重要指标和人事任免的重要依据。通过抓责任的层层落实,在公司上下形成了"党政齐抓共管、部门各负其责、全员共同参与"的工作格局,筑牢"四道防线"。

**一是制度防线**。建立健全各项管理制度。广乐项目自开工建设以来,先后建立和完善各项规章制度107项,形成了"横向到边、纵向到底、内外监督、严格考核、落实问责"为一体的完善的制度管理体系,并通过强化制度规范和刚性制约,规范了工程建设管理过程中的用权行为,形成了用制度管权、管事、管人的局面。按照"谁行使、谁清理"的原则,对"1+4"管理模式下的内控管理体系进行全面梳理,进一步明确了公司总部和各管理处的工作职能和权限。针对掌握勘察设计、征地拆迁、招标、设计变更、工程计量和支付、财务管理、物资采购等职能部门人员进行职权清理,将每项职权的各个部位划分为若干必经环节,并绘制了权力运行流程图,确保了权力更加明晰、流程更加优化、监督更加到位、管理更加规范。特别地,严格规范招投标管理。项目立项以来已完成 39 批次 124 个标段的招标工作,总中标金额达 315.61 亿元。2010 年度共完成了 10 批次 54 个标段的招标工作,总中标金额达 170.3 亿元。2011 年度共完成了 7 批次 17 个标段的招标工作,总中标金额近 40.6 亿元。2012 年度共完成了 2 批次 7 个标段的招标工作,总中标金额近 43.8 亿元。2013 年度已完成 9 批次 31 个标段的招标工作,总中标金额达 36.11 亿元。招标工作已全部结束,不存在规避招标、虚假招标、评标不公正以及招投标违法行为记录、公告制度不落实等情况,未发现借用资质投标、收取管理费出借资质、围标串标等问题。

**二是风险防线。**广乐公司以纵向工作流程为主轴,分工程建设前期、实施及交竣工三个阶段,按"流程、所处环节、所涉对象、廉政风险点、防控措施、责任主体"六项内容逐一分解,排查具体工作环节中可能产生的廉政风险,并提出相应的防控措施。根据"权利运行轨迹",紧紧抓住容易滋生腐败的关键岗位和关键环节,查找出项目预可和工可、勘察设计、征地拆迁、工程招标、材料采购、质量监督、安全生产、计量支付、工程变更、资金拨付、交工验收、竣工决算审计和缺陷责任期、竣工验收等 13 个方面存在或潜在的廉洁风险点 140 个。根据廉洁风险危害和影响程度,对 140 个廉洁风险点进行科学定量与定性的分析评估,确定高风险点 49 个,中、低风险点 91 个,并制定相应防控措施,形成《廉洁风险防控手册》,达到了规避风险、保护干部的目的。

**三是监督防线。**率先开展全过程跟踪审计工作,作为省交通集团"全过程跟踪"审计试点单位,广乐公司积极主动配合审计机构对设计变更、隐蔽工程、招投标、施工及监理履职、工程结算、计量支付、合同、施工图台账、征地拆迁等工程事项进行定期、不定期的审计或巡查。公司立足高起点、严要求,坚持"边建设、边审计、边整改、边规范、边提高"的原则,在交通系统内率先开展了"全过程跟踪审计"工作。截至目前,已完成了 2480 份工程设计变更和征地拆迁预算的审核工作,共核减工程金额 465 万元。审计机构全过程介入,前移了审计监督关口,进一步规范了工程建设行为,对工程造价起到了行之有效的控制作用,为项目又好又快的建设提供了重要保障和有力支撑。

**四是科技防线。**广乐公司结合项目"1+4"管理模式的实际,委托东方思维研发了一套符合项目建设管理的网签操作规程。在使用过程中,广乐公司始终严格按照省公司的有关规定,采用 HCS 管理平台对各类合同意向、合同签署、合同支付、工程变更、变更意向等进行流程审批。通过实施系统化、网络化的审批流程,纪检监察部门和全过程跟踪审计机构可以对包括受理、承办、审核、批准、办结等进行实时监控,实现了权力运行"公开透明、全程监控"。

通过搭建内部管控、全过程跟踪审计和社会监督三个平台,形成了有效的监督机制,使广大党员干部廉洁从业的意识明显增强,工作效率和业务水平明显提高,营造党员干部求真务实、脚踏实地的浓厚工作氛围。截至目前,广乐项目工程资金使用规范、安全,无违法违纪行为发生。2013 年,广乐公司"三重一大贯彻落实、廉洁风险防控机制建设"项目荣获广东省监察厅、广东省国资委 2012—2013 年度省属企业优秀效能监察项目。

为保证项目建设顺利进行,有效预防施工单位挪用建设资金、拖欠民工工资等行为发生,广乐公司与施工单位及其开户银行三方共同签订了《工程资金监管协议》,随时向银行了解施工单位账户资金情况,发挥开户银行监管作用。通过定期或不定期地派人到各施工标段检查资金使用情况,确保拨付的资金用于广乐项目建设,有效地杜绝了挪用工程建设资金情况的发生。

此外,广乐公司积极推进参建工人权益保障工作,以严格的管理措施加强工人队伍管理,对施工单位实施了银行账户最低保有余额管理,要求其账户至少留存上月工资额的 200% 资金,确保了农民工工资能足额发放,消除因工人权益引发的突发事件,构建和谐劳动关系,确保施工队伍稳定,为顺利推进项目施工进度打下坚实的劳务基础。

### 3.3.5　柔性文化——柔性组织系统高效运作的保障

柔性文化是一种能够增强企业灵活性、适应性、创新性和快速反应能力的文化。它更突出"人性化",通过在企业内部形成一种柔性的价值准则和行为模式,渗透到个性的组织系统中去。

广乐高速公路建设期长达四年,广乐公司采用"1+4"的管理模式,为了适应工程建设进展,同时提高组织对外的适应能力,广乐公司建立了面向工程建设全生命周期的柔性组织,即在工程的前期决策、设计阶段、施工阶段、竣工结算阶段和运营阶段,随工程建设内容的变化和工作重心的调整,动态地调整组织结构、运作机制和岗位配置,形成面向工程全生命周期的组织结构的动态演化,从而改变了工程建设组织在整个建设期一成不变的刚性组织,有利于充分利用各类资源,特别是人力资源。

广乐公司柔性组织调整时,面临的未来工作重心有所差异,同时所需要的人力资源的结构和数量会发生相应的变化,因此需要进一步调整组织结构及岗位配置。为此广乐公司在公司内部形成了柔性文化,以实现组织的高效运作。柔性文化对广乐公司的影响主要体现在价值观、组织理念、组织氛围和群体认识论等方面。

## 3.4 文化建设路径

### 3.4.1 立足工程,悉心提炼广乐精神

任何优秀的文化,都不是自发形成的,须经历策划和培育,在这一点上,工程建设管理企业的文化与一般企业的文化并无区别。但由于工程建设组织和企业组织在组织方式、目标、市场环境等方面的不同,所以文化建设路径自然也就不同,一般企业文化的形成是一个随着企业的发展被逐步认识、逐步提炼、逐步强化的建设过程。但工程建设企业的文化建设则不同,一方面多方参与建设组织间各自文化存在差异,工程一旦实施便涉及文化碰撞与认同的问题,而工程建设周期有限,因此工程文化建设一般需要快速构建。

广乐公司工程文化源于工程,用于工程,使工程得到文化的滋养,发挥文化的功能。首先广乐公司在精神与价值观的提炼上,采取了由广乐公司本部和4个管理处牵头,组织参建单位领导与员工代表共同讨论、确定广乐公司的精神与价值观。在这一过程中,先是敞开思路、广开言路谈设想,尔后从众多的意见中归纳出大家共同认可的文化要素,最终确定了广乐公司的精神和价值观体系。

### 3.4.2 党建精细化管理,有效渗透广乐公司文化

广乐公司建设精神与价值观确定后,如何宣传贯彻,使其植入组织中,让员工欣然接受、自觉执行是一个重要的环节。党建对文化建设具有重要的引领与促进作用,不仅党建理念中包含先进的文化理念,而且文化建设需运用党建管理的平台。广乐公司通过抓基层党建创新"书记项目"扎根于广乐高速公路建设之中,能够最直接最有效地和建设者进行沟通,也能够最准确地组织、发挥党员和群众的力量。

广乐公司在文化宣传过程中,通过组织召开动员大会,让每个党支部积极行动起来,为"书记项目"实施营造了上下联动、相互促进的良好氛围。在项目建设过程中,广乐公司注重立足基层抓典型、树榜样,充分发挥典型的示范引领作用,不断激发广大党员"学先进、赶先进、争先进"的热情,同时以人为本,立足实际,着力办好"三件实事"服务群众。一是加装净水设施,让员工用上健康水、放心水。二是加强对食堂的监管,为员工提供卫生、健康、美味的饭菜。三是加大投入,为员工营造良好的生产、生活环境。最后积极开展"送安全、送健康、送温暖"活动以及"路地互赢、结对共建"活动。

可以看出,广乐公司的党建精细化管理不仅是与工程相适应的党建工作的新路径,也给工程文化的建设提供了坚实的平台。它打破了工程中原有的单纯以合同经济关系为基础的合作关系,使参建单位从合同走向协同,并最终达到志同的从工程合作到文化建设。

### 3.4.3 多管齐下,拓展广乐公司文化建设方式

广乐公司在建设期间各种专业会议很多,如作风建设会议、月度生产会议、办公会议、各阶段总结会议等,这些都是针对具体工作和存在问题及时宣传工程精神与价值观的极好机会。广乐公司抓住这些机会,大力宣传工程文化,并使员工结合工作不断深化对工程文化的理解和贯彻。施工单位坚持利用员工上、下班在交通船上的时间,结合生产开展"岗前十分钟教育、岗后十分钟总结"的文化宣传活动,长期下来,起到了良好的潜移默化的效果。先进模范人物是员工对照自己思想行为的一面镜子,在培育工程文化中,广乐公司本部、管理处以及各参建单位及时宣传员工的"个人先进事迹",把大家公认的品德高尚、成绩显著的人物选为员工榜样,通过他们特有的号召力、影响力、感染力来影响、感化、统一员工的思想、行为、价值观。各

单位自办工地刊物、板报、标语等,发挥舆论导向作用,使员工时刻都处于充满工程价值感的氛围中。参建单位的文化活动也是增强员工对工程文化认同的一个有效机会。广乐公司组织过社会专业文艺团队进行慰问演出,员工观看后普遍反映,专业团队表演艺术性强,但感染力不强,后增加了员工自编自演,艺术上虽显粗糙,但反映的都是员工真实的思想情操和对事业的敬业精神,效果很好。

在广乐公司文化宣传贯彻过程中,特别需要一提的是领导层的言行榜样作用。领导者是工程文化的第一设计者,也是第一身体力行者、第一实施者和第一宣传者。领导者的行为常常被员工仿效,所以领导者的一言一行对工程文化的推动具有直接的影响。广乐公司坚持领导现场调研制度,以平等、真诚、友好的态度对待下属成员,各项问题的决策须是论据确凿下的集体决策,坚持定期地规范领导民主生活会制度,对照倡导的广乐公司精神和价值观来检查每个领导者行为等,无不为广大员工树立了文化践行的榜样。

归纳起来,广乐公司文化建设的路径是依靠广乐公司建设者的智慧,首先提炼出工程蕴含的精神与价值观,然后通过宣讲、树立模范、专题讨论,以及各种显现活动等方式,特别是领导阶层的率先垂范,使全体员工对广乐公司精神与价值观达成共识,从而影响并规范员工的行为。

# 第4章　广乐高速公路柔性组织现场管理

## 4.1　现场管理复杂性分析

广乐高速工程是我国重大基础设施工程,是对广东省政治、经济、社会、文化、科技发展、环境保护、公众健康与国家安全等具有重要影响的大型公共工程,其规模虽不及三峡水利枢纽工程、青藏铁路工程、南水北调工程、西气东输工程巨大,但是对推动我国公路桥梁科学技术进步,促进区域产业转型以及经济社会发展具有重要意义。广乐高速工程具有复杂性,其复杂性主要体现在施工现场管理方面:

(1)广乐高速工程涉及的主体多,空间跨度大,接口界面非常复杂

广乐高速工程现场不仅包括建设现场,而且要涵盖分布在异地的承包商、供应商的现场,涉及的主体多,如政府监督部门、业主、承包商、供应商、监理单位、征地拆迁单位及当地群众等,这使不同过程、不同专业、不同施工活动和不同施工组织之间的接口界面更加复杂,加上主体之间的利益多元化,广乐高速工程现场组织与协调的空间广度、影响深度和协调难度相对一般工程大为增加,现场管理更加困难。

(2)广乐高速工程现场所处环境复杂

广乐高速公路串联起韶关、清远、广州 3 个城市,乐昌、乳源、武江、浈江、曲江、英德、清城、花都 8 个区(县),以及坪石、梅花、桂头、一六、重阳、龙归、十里亭、犁市、乌石、马坝、连江口、英红、源潭、飞来峡、梯面、花山、花东等 34 个镇。广乐高速公路工程具有跨越地域广,所经线路地形、地质条件复杂、大型构造物多、环保要求高、安全生产管理压力大等特点。桥隧比例高,地质条件复杂,高墩桥多。全线桥隧比例超过 35%,大部分桥梁穿越崇山峻岭,其中隧道群穿越大瑶山路段桥隧比例高达 96%。全线共架设桥梁 226 座,总里程 70 千米;修建隧道 28 座,总里程 36 千米;桥隧总长 106 千米。尤其是大瑶山隧道群路段穿梭于崇山峻岭之间,且桥隧相接,桥隧比例高达 96%,3 000 米以上的特长隧道有 2 座,特大桥梁 10 座,高墩桥 40 余

座,30 米以上的桥墩有 80 余座,最高墩达 93 米,桥梁大多位于陡峭的山坡上,墩台作业面与山体坡度呈 75 度至 85 度角,布设极为困难。桥墩路径碳酸岩路段地层溶蚀地貌发育,主要有溶沟、溶槽、岩溶漏斗、溶洞、地下暗河等。线路所经冲积平原地貌区,排灌水系纵横交错,软土地基分布广泛。

(3)广乐高速工程的技术复杂

由于广乐高速工程具有个性化的特点,很难完全采用已有的工程技术规范,技术成熟度低,需要通过技术创新来完成。广乐高速工程技术复杂程度高,现场施工往往与新材料、新结构和新工艺相伴,需要不同专业的协同攻关,技术难度大。多学科、多专业,其技术创新是一项跨行业、跨领域的科技大协作。

在广乐高速工程施工实践中,信息技术的广泛应用对工程现场管理模式、流程、方法提出了新要求,也带来了新的变化,面对这样复杂的社会技术系统,程序化、标准化、专业化和信息化是现场管理的重要理念,也是广乐高速工程现场管理模式的发展趋势。因此,广乐高速工程现场需要借用制造业"精益生产""供应链管理"等现代管理思想与方法,来提升工程现场的建设效率,减少浪费,保证低成本、高可靠性地实现工程现场管理的综合目标。传统的施工现场管理主要包括平面布置、设备/材料管理、计划/合同管理、质量管理、安全管理等方面,工程安全质量形势仍然面临严重挑战。综合管理与控制的关键是安全管理、质量管理和资源供应的组织与协调。

现场是工程造物第一线,也是工程管理执行的第一线。广乐高速工程的多主体、环境复杂以及技术复杂,再加上工程现场各类人员的行为及其交互性,给广乐高速工程现场管理带来诸多困难和挑战,需要采用系统的理论和方法来进行现场综合协调与控制。

## 4.2 现场标准化管理

### 4.2.1 管理标准化背景

自从 1989 年广东省开建第一条高速公路以来,广东省高速公路建设取得了巨大的发展,在高速公路工程管理方面积累了丰富的经验。而全国高速公路建设也取得了巨大的成就,截至 2009 年底,全国通车的高速公路通车里程已经突破 6 万千米。但大型高速公路一般路线长,工程规模和项目投资大,参建单位多,工点分散,管理组织复杂。如何从繁重的现场巡视中解脱,将更多的精力针对现场实际进行预控或对重要部位、关键工序、安全管理进行严格把关,成为一道重要的课题。目前,一般高速公路工程施工现场安全管理主要存在如下问题:

①　大多安全管理行为都是事后处理,一般都要等到安全隐患出现或发生一段时间后才被发现,以至于不得不花费大量时间和精力才能有效纠正。

②　项目管理部门和上级单位不能实时、全面、形象地了解施工现场进展,需要管理者劳命于工地的高负荷、高强度的巡查或突击检查。

③　现有手段很难对现场进行实时监控和协调指挥,需要各方人员集中到现场才能进行。

④　很难对监理旁站工作进行监督,如出现安全事故,缺乏直观的现场视频资料,难免影响事故原因分析的客观性。

⑤　安全管理工作规范性差,文档格式多种多样,资料分散,文档传递和审核时间长、效率低。

为了提高工程施工质量,提高工程建设管理水平,交通运输部明确提出"十二五"全国交通工程建设的现代工程管理的"五化"要求,即在项目管理上实现理念人本化、项目管理专业化、工程施工标准化、管理手段信息化、日常管理精细化。

我国许多省份在高速公路工程建设管理方面都积累了很好的经验,值得学习、借鉴和参考。目前广东省高速公路建造工程迎来了新一轮的发展机遇,为了保证建设工程施工安全,在梳理和总结广东高速公路建设历史经验基础上,参考全国其他大型建设项目的行之有效的经验,遵循国家有关安全生产标准和规范,贯彻交通运输部对现代工程管理的要求,落实《广东省高速公路建设管理提升年行动纲要》(粤交基〔2010〕446 号)及交通运输部《关于开展高速公路施工标准化活动的通知》(交公路发〔2011〕70 号)精神,深入贯彻"好字优先,快在其中"的行动方针,全面推动标准化管理工作,推动广东省高速公路建设管理水平再上新台阶,为此广东省交通集团组织编制《广东省高速公路项目标准化指南系列》。其中,针对建设项目公司管理的分册为《广东省高速公路建设项目业主管理行为标准化指南》(以下简称《指南》)。

《指南》共分三篇 15 章,包括建设单位组织建设标准化、项目建设管理行为标准化、管理行为标准化与持续改进。其中建设管理行为标准化包括:

勘察设计管理行为标准化、征地拆迁管理行为标准化、招投标行为管理标准化、计划与进度管理行为标准化、质量管理标准化、安全管理行为标准化、计量支付管理行为标准化、工程变更管理行为标准化、合同管理行为标准化、科研管理行为标准化、材料供应管理行为标准化、财务管理行为标准化和档案管理标准化。特别地,《工程建设标准化管理》对每个施工环节都做了详细的规划和要求,例如压路机必须以不超过 4 千米/小时的碾压速度,对路基压实 6 至 8 遍,以保证压面厚实度;桥梁预制梁板必须采用标准化整体钢模,钢板厚度不小于 6 毫米;石质隧道爆破应采用光面爆破,光面爆破周边眼应沿隧道开挖轮廓线布置,并用油漆标识,周边眼间距小于 0.5 米。

广乐公司在总结广东省高速公路建设项目成功经验的基础上,结合广东省交通集团建设公司、路桥公司、投资公司的工程现场管理的最佳实践进行研究工作,总体指导思想是将标准化要求贯穿工程施工各个环节,注重从项目建设现场管理的角度,依据"流程驱动制度、制度规范管理、管理行为标准"的原则,对工程建设管理目标、管理组织、核心业务流程和管理程序、管理记录等方面进行规范化、统一化和标准化;同时为保证标准化的实施,建立责权明晰、科学、严格、高效的标准化监督和激励机制,有效提升项目公司工程管理的专业化、规范化水平,实现公路项目管理目标。

标准化文件作为施工合同的附件,是施工合同的组成部分。广乐高速公路建设项目业主管理行为标准化分两个方面:依据《广乐高速工程建设标准化管理体系》和《广乐高速安全生产监督管理办法》,建立一整套高速公路建设安全标准化管理体系和框架,并通过信息化手段辅以全面推行。特别地,广乐高速公路建设工程管理体系包含三个方面的内容:工地建设标准化、施工作业标准化和安全管理标准化。工地建设标准化的核心是"三集中",也就是"混凝土集中拌合、梁片集中预制、钢筋集中加工"。这"三集中"对于提高工程质量,改变传统的高速公路施工管理模式具有决定性的意义。为提高工程质量,施工作业标准化明确了"二准入"的原则,也就是"预制梁和立柱模板准入制"和"隧道二衬台车准入制"。

施工标准化的内容非常广泛,很多情况下,只要严格按照工程规范施工,就能做到施工作业的标准化。所以对于业主的工程管理,没有必要面面俱到,再去重复这些规程规范,否则会造成标准化的体系过于庞杂,不容易突出重点。因此对于以下几种情况,仍然有必要制定作业标准化管理体系:

第一：工程规范没有做出明确规定的，或者规定有一定的幅度和范围的；

第二：业主长期工程管理中积累的一些管理经验；施工企业工程施工中积累的经验和技术诀窍，这些诀窍对提高工程质量具有重要意义的；

第三：承包人容易忽略和忽视的一些工艺流程；

第四：业主认为工程精细化管理中需要注意的施工工艺，或者对工程质量管理非常重要的环节。

在保证符合健康、安全和环境的法律、法规前提下，科学制定安全管理体系，覆盖工程建设和投产运营全过程，实现对作业单位的全程安全环保管理，减少事故发生，保证员工的健康与安全，保护企业的财产不受损失。加强环境监测，确保工程建设和运营对周边环境的影响符合规划设计要求，使施工中潜在的安全隐患处于受控状态，满足可持续发展的要求，以减少医疗、赔偿、财产损失费用。

广乐高速公路工程建设通过实践和创新，将标准化建设管理分为五个方面实施：勘察设计标准化，工地建设标准化，施工作业标准化，安全生产管理标准化和项目干系人管理标准化。

## 4.2.2　标准化管理内涵

大型工程建设过程是运用装备与工具把工程材料整合为物化工程的过程。虽然随着技术的进步与装备的发展，工程机械化程度不断提高，但工程建设现场仍然表现出密集型劳动的特点，大量的现场工序仍然需要通过人的操作来完成。所以，工程品质最终还是取决于施工现场操作设备和实际操作的施工人员，因此，工程品质的波动往往是由操作流程与对标准掌握的随意性造成的。这样，大型工程管理在施工现场应该尽量降低这种随意性，而对工程管理中那些可以结构化、程序化和标准化的部门进行固化，形成工程施工的范式。

工程施工需要人的参与，也正因为人的参与带来了品质的不确定性，也带来了现场安全及质量的不确定性。加之前文所述，路桥工程的建设人员往往是背井离乡，人员具有很强的流动性，很难想象我国科学技术水平最高的一批工程，现场一线施工人员竟然大部分是我国受教育程度最低的农民工。可以看出，一方面，这些工程投资额大、质量要求严、外界关注度高，另一方面，参建人员素质又参差不齐，现场控制难度大。但是，施工的标准化管理势在必行。

　　施工标准化要做的首要内容就是建设现场的去人力化,前文说到因为人的参与,增加了现场的安全、质量等方面管理的不确定性,那么顺着这样的逻辑,减少现场的施工人员,必然是有效措施之一。这并非异想天开,而是对应着大型工程建造的趋势——预制化与工厂化。工程建设的现场逐渐变得更像是一个最终组装的场所,而重要的组件和部件只要具备条件都进行工厂化制造,工厂化制造从某种程度上可以说是质量、工艺、流程标准化的极致。

　　预制化与工厂化在当前的一些工程上已经得到实质性的推行。通过这样的手段,把工程中的重要部件这一如若现场制造随意性较大、质量难以保证的部分交由专业的工厂进行制造,由开放的环境下非专业工人的施工变为封闭环境下半自动甚至全自动的精密制造,严格地控制了其质量。现场的任务变为拼接、浇筑等这些相对而言比较容易控制的环节。

　　我国现在的境况是顶尖工程和普通工程并存,东部沿海地区已经基本实现了路桥工程建造现代化,但是中部和西部仍偏落后,我们不能拿最先进的标准去要求落后地区,那样的要求就如"何不食肉糜"般荒诞。但东部地区的有些做法值得借鉴,甚至稍加改动即可在中西部的工程建设中得到很好的运用。尤其是标准化这一方面,对于工厂化制造,西部可能做不到上文提及的那种程度,但个别关键部件的工厂化定制、预制场的建设等措施以及施工标准化管理手段的进一步推行仍具有很强的现实意义和可操作性。

　　尽管运用了工厂化制造这一现代化手段,但工程建造还是离不开工程现场这一最终场所。毕竟各个部件的质量无法决定整体的质量,工程项目整体功能目标的实现仍依赖于工程现场的施工,施工的好坏对工程最终质量的好坏具有决定性的作用。

　　工程现场的标准化和工厂里的标准化不可同日而语,也不具备如工厂般封闭稳定的条件,因而如何在相对开放和较为混乱的环境中做到无序中的有序就显得极富艺术性与技巧性。目前营地建设、施工工艺、过程控制等方面的标准化已经得到了一定程度上的推行,其中过程控制又包括材料准入、首件认可等制度。这些制度和规范在"物"和"事"这两个维度上给予标准化的要求,对于"人"的管理仍显缺失,人的行为难以标准化,但加以诱导和控制亦并非难事。

　　关于对施工标准化的理解,有以下几点值得关注:

　　① 工程管理内容丰富。其中有偏向于科技规律,具有确定性因果关系,

表现出刚性结构的部分；也有偏向于技巧和文化成分，具有一定的柔性和灵活性，难以表现出刚性结构的部分。比较而言，前者可以以固化、程序化、结构化的某种范式作为标准或以一定的量化指标作为标准，所谓施工标准化仅指这一部分管理内容，而不能理解为所有施工活动都能和都需要标准化。

② 施工标准化作为一个体系有其相对完整性，但很难构建"尽善尽美"的标准化体系，因为不同地区、不同工程类型、不同建设主体对施工标准化的理解和要求是不尽相同的。

③ 施工标准化可以从不同角度来审视。例如，可以规定统一的技术标准、管理标准与检验标准，也可以规定统一的组织标准、流程标准与技术标准，等等。在这个问题上，不同视角下的分类之间没有必要去做刻意比对，重要的是能满足并适合某个工程的需求，有利于工程建设施工统一与规范就是合理的、恰当的标准化工作。

④ 施工标准化的粗细程度要适宜。原则上在可固化的组织构架上，在可规范的管理主程序（主流程）上，在安全、质量、工期等关键控制点控制参数阈值等方面必须做到统一标准。但因工程类型不同，环境不同，工艺和工法不同而形成的标准不统一现象是自然的，不应强求一致，也就是说，在施工标准化问题上要因地而异、因事而异、因法而异。一句话，要从实际出发，实事求是。

⑤ 施工标准化体系对工程施工人员来说具有法规的约束性。因此，施工标准化的制定要遵守国家、行业的有关法律法规，要源于多年工程建设实践并为行业普遍接受，不能随意和草率"创新"。

⑥ 在标准化体系设计上推行施工标准化工作，要先做好顶层设计，从核心内容和施工急需内容出发，逐步拓展和完善；在工作上要抓好典型示范工程，逐步推行，并且切忌形式主义和繁琐哲学，一定要注意标准化的可行性与可操作性，注意施工标准化对提高施工水平实实在在的推动和帮助。

### 4.2.3 标准化管理实践

广乐高速现场标准化管理概括了广乐高速公路规划、设计以及施工阶段质量、安全、文明施工等方面，组成完整的广乐高速公路工程管理体系标准化，全面提高公路建设管理水平。

1. 勘察设计标准化

勘察设计标准化是为实现广乐高速公路项目设计理念、设计思路、设计风格的统一,分步骤编制勘察设计工作规定、设计指导原则、设计细则,指导项目全线四个勘察设计标段工作的过程。广乐高速公路勘察设计标准化见图 4-1。

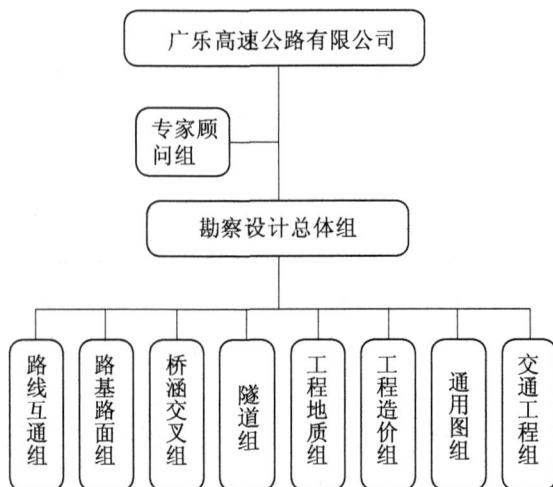

**图 4-1 广乐高速公路勘察设计标准化示意图**

勘察设计标准化管理目的:

① 为实现广乐高速公路"安全耐久、节能环保、设计美观、利于管养"的设计理念,统一技术标准,统一管理,提高勘察设计质量,保证全线三个勘察设计标段最终的施工设计图纸风格统一,保障项目建设的质量和安全,节约工程造价,方便现场工程管理及施工的目的。

② 通过设立设计总体组统一项目总体设计思路、设计理念、设计指导原则、设计风格等指导全线三个勘察设计标段设计工作,确保各阶段设计资料统一标准和风格。

③ 通过统一全线桩基配筋、下部结构墩柱尺寸、上部结构梁板尺寸、配筋率及小型构件(边沟、排水沟、截水沟及边坡防护挡水等)、梁板(空心板、T梁、小箱梁、圆管涵)预制标准化等,方便参建单位施工,提高工作效率,节约模板成本及工程造价。

④ 有利于大型高速公路建设项目的管理,有利于节约业主的管理资源。

**勘察设计标准化主要内容:**

① 针对项目特点,提出项目总体设计思路、设计理念、设计指导原则,制定适合于本项目特点的勘察工作规定和统一设计的有关要求;

② 统一路基标准横断面图、路基防护、排水的设计原则,拟定不良地质处理原则;

③ 统一路基路面设计原则方案;

④ 统一全线同类型桥梁的桥型方案设计原则,桩基配筋及下部结构墩柱尺寸、上部结构梁板尺寸、配筋率等,预制结构(空心板、T 梁、小箱梁、圆管涵管节等)设计通用图;

⑤ 统一隧道断面布置形式、洞口、防护、排水、通风等设计原则;

⑥ 统一沿线房建附属工程设计风格。服务区内服务设施的总体布置原则、服务设施规模等全线应统一掌握;全线房屋建筑方案宜突出体现广乐高速公路的风格,在此基础上既要充分满足建筑功能,又要体现全线建筑风格的统一性,还要充分结合地域文化的特点,做到特点突出,个性鲜明;

⑦ 统一全线小型构件(路缘石、防撞墙、挖方边沟、急流槽等)设计风格和标准;

⑧ 统一全线景观设计风格(图 4-2)。

服务区房建景观效果图

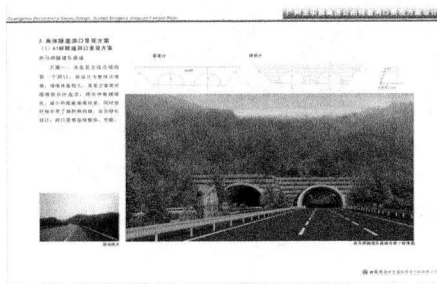

隧道洞口景观设计　　　　　　　　棚洞景观设计

图 4-2　沿线景观设计

2. 工地建设标准化

通过工地建设标准化，以求达到以下目的：

① 能较好地提升项目建设整体形象，对全线施工单位、监理单位的临建设施根据公司外部可视化形象 VIS 系统进行统一规划，较好地提升项目建设的整体形象和实现现场文明施工；

② 规范拌合站、预制场、钢筋加工场的建设，充分发挥集中施工及集中管理的优势，实现混凝土集中拌合、构件集中预制、钢筋集中加工，确保工程建设的核心材料质量受控，从源头上确保钢筋混凝土结构的工程质量；

③ 通过"三集中两准入"管理，改变施工单位传统现场管理模式；

④ 进一步提高项目质量管理水平，加强施工现场管理人员和劳务工人的教育和培训工作，提高参建人员的质量意识和业务水平。

工地建设标准化的核心是"三集中两准入"，"三集中"包括混凝土集中拌合、构件集中预制、钢筋集中加工，"两准入"是指结构物模板和隧道二衬台车准入。

**工地建设标准化主要内容：**

① 承包人项目部建设（图 4-3）的标准化，包括项目工区（如桥梁工区、隧道工区）建设的标准化；

T4标项目部驻地建设          T27标项目部驻地建设

**图 4-3　项目部建设**

② 总监理工程师办公室的标准化；

③ 承包人试验室（图 4-4）的标准化；

T27标工地试验室　　　　　　　　　T4标工地试验室

**图 4-4　试验室**

④ 承包人混凝土集中拌合站、钢筋集中加工厂（图 4-5）、集中预制场建设的标准化；

T4标拌合站　　　　　　　　　　　T27标钢筋加工厂

**图 4-5　拌合站与钢筋加工厂**

⑤ 承包人人员管理和培训的标准化；

⑥ 材料管理的标准化；

⑦ 施工便道的标准化。

3. 施工作业标准化

施工作业标准化是指通过作业流程、施工工艺、施工工法等标准化，实现各专业工程的标准化施工。施工作业标准化管理目的：① 强化现场管理，严格作业流程，加强工序交验检查，确保关键部位、关键环节、关键工序控制到位，提高业主、监理、施工单位现场管理水平，切实消除质量通病，确保工程实体质量;② 规范施工作业标准化,提高现场施工安全管理水平。施工作业标准化包括路基施工作业标准化、桥梁施工作业标准化和隧道施工作业标准化。

**路基施工作业标准化:** 路基施工标准化主要是总结高速公路路基施工多年来的实践经验,从施工准备、一般路基施工、路基排水、特殊路基施工、路基防护、挡土墙、预应力锚索(杆)工程等几个方面进一步规范路基施工的各项工序操作。

**桥梁施工作业标准化:** 桥梁施工标准化从施工准备、桥梁基础、下部构造、上部构造等方面进一步规范桥梁施工的各项工序操作,同时引进"清水混凝土""模板准入制"等施工工艺及技术,实行"首件认可制",实现桥梁施工标准化,克服质量通病。

**隧道施工作业标准化:** 隧道施工标准化从施工准备、洞口与明洞工程、洞身开挖、初期支护与辅助工程措施、防水与排水、二次衬砌、超前地质预报与监控量测及安全管理与文明施工等方面进一步规范隧道施工的各项工序操作,同时实行"二衬台车准入制"及"零开挖进洞"等一些新的施工工艺及技术。

4. 业主管理行为标准化

广乐高速公路线路长、项目规模大、参建单位多(124 个参建单位),通过业主管理行为标准化,提高参建各方协同工作的能力,优质高效地推动项目建设。业主、设计、监理、施工、第三方质量检测等各单位紧紧围绕广乐公司核心文化"快乐工作,健康生活",在统一的气氛、规范、习惯、观念、举止行为中服务于广乐高速公路建设。通过项目干系人管理,引导广乐所有参建单位营造标准化管理的建设文化:

① 按照合同有关规定规范管理项目干系人;

② 项目干系人之间加强有效沟通,实现资源共享,提高工作效率;

③ 通过业主提供有效沟通平台,优质高效地推动广乐高速公路项目建设。

## 4.3 现场安全管理

### 4.3.1 安全管理理念

1. 全生命周期理念

推行大型工程管理,首先就要保障工程建设期中人和物的安全,这一点必须当作首要任务来抓，倘若安全管理略有放松，一旦出现重大事故，首先对于工程本身而言，工程的进度势必大大延后；其次对于工程的声誉也有不利影响；再者若是留有重大安全隐患，最终暴露于工程运营中，那么这份造物的"功德"，就会成为贻害人民的"毒药"。因此，安全管理是大型工程管理的基石，做不好安全管理，其他的一切好的方法、思想，都不免沦为纸上谈兵。安全管理是工程"立地"的基础，要把安全问题视为达摩克利斯之剑一样去严肃对待。安全管理的复杂性来源于安全问题产生的根源及形成路径上的复杂性，交通工程的安全管理，尤其是重大交通工程，往往具有如下特点：

（1）初始敏感性

首先在设计期就要关注施工的安全，为施工的安全操作留有富余的空间，在初始建设平台的设计上要关注后续工序，不能留有安全隐患；其次，选择不同的管理模式和方案对安全管理有全局性的影响。

（2）传递性

安全隐患往往由一个被忽视的点生发开来，随着时间的推移向后传递；也会由某一个特定的地点向四周扩散。这些传递可能会随着管理人员的不断纠偏而被消弭或保持一个稳定的状态，也可能随着工程进展呈现线性递增或是非线性激增的状态。

（3）突发性

突发性事件包括两个方面，一方面是工程内部的风险不断增加，直至某一个时间点突破阈值，从而爆发安全事故；另一方面，由于工程的开放性，周边环境中的突发性事件，包括地震、台风等自然灾害，也包括部分人为因素等，会直接威胁工程的安全。

安全管理主要受内部和外部的影响，对于内部的影响因素，强调的是对风险的识别与降解；而对于外部的影响因素而言，强调的则是对于风险的预测与响应。

2. 低碳环保理念

推行大型工程管理的另一方面则是注重发展的可持续性，要坚持低碳绿色的环保发展方针，这一点在国家层面已得到极大的重视。前一时期的粗放式经济发展模式，取得了巨大的建设成就，同时也带来了严重的环境问题，部分地区造成的环境破坏，在未来不得不以几倍的经济代价去还原。发展不能以环境的破坏为代价,这一点在当前已经取得广泛共识,并得到了实质上的推行。

相比较而言,工程建设中的环保形势更为严峻。工程建设是大规模的造物活动,会对工程所在地造成较大范围的破坏;工程建设中使用大量大型专用设备,若调度不当,会造成巨大损失和浪费;工程建设会造成一定程度的污染和碳排放;工程建设涉及珍稀动植物的保护等问题。

工程建设推行低碳绿色的环保理念,在节能低碳这个要求上,承包商可能存在其节约成本的内在动因;而在绿色环保上,则不一定会有积极性,业主及政府必须给承包商压力。具体而言,要形成通行的做法,并将其中一些规范化,制定于合同条款中,可以主要细分为:

(1)节能减排

在工程方案的设计上就要以低碳为目标,合理利用光能、风能等可再生资源;在工程建设中,要合理调度设备,节约能源,减少污染物排放;对于工程建设中产生的固体废弃物、污水、废气等要进行全面处理,达标后方可排放。

(2)减少破坏

在不同方案的比选中,要选择对环境破坏较少的;对环境确会造成破坏的作业,需进行环保工艺处理;对于爆破等作业,要预先对周围民众进行疏散。

(3)生态补偿

有些工程不可避免地会侵占一些珍稀动植物的栖息地,在工程开工前,要引导其进行迁移,在完工后,要尽可能进行生态复原;要同工程周边的农、林、渔业及环保等政府部门积极磋商,论证补偿方案的合理性,协同完成生态补偿。

(4)技术更新

在工程建设过程中,及时运用节能减排及绿色环保的最新技术和材料;同时利用自身的技术力量,不断创新,努力提高设备利用率,降低污染物的排放。

绿色低碳环保目标的实现,是全社会的美好愿景,但我们不能把这样的愿景的实现寄托于某个工程或者企业去实现,要在国家层面上,建立健全环境监理等制度。

广乐高速公路建设期间,广乐公司始终将"节能环保"理念,贯穿到广乐项目建设的全过程,并确立了争创交通运输部"节能环保科技成果推广"示范项目,国家发改委、住房和城乡建设部、交通运输部"隧道照明节能"示范项目的建设目标。多年来,广乐公司认真贯彻落实广东省政府资源节约与环境保护行动计划,依靠科技创新,减少能源消耗和污染物排放,并取得了显著成效。

① 通过全线推行沥青碎石水洗除尘工艺,减少了沥青混合料拌合中热料仓总会溢料和粉尘排出,降低了燃油消耗,节约了能源。据测算,推行沥青碎石水洗除尘可以减少沥青拌合楼 60% 的粉尘排放,初步估算项目全线约有 440 万吨沥青混合料,通过水洗除尘工艺后,可降低粉尘排放约 20 000 吨,节约 160 吨柴油,减少二氧化碳的排放 37 万千克。

② 规范施工过程中废旧沥青路面材料回收和处理,对项目施工所产生及临近堆放的旧沥青路面材料进行再生应用设计,根据废旧沥青路面材料回收再利用规划目标明确相应的要求,减少了大量旧沥青混凝土废弃物,减少了对环境的污染;通过循环再利用,减少了大量的石料开采,降低了二氧化碳的排放,节约了社会矿产资源,有效保护了生态环境。初步估算,项目建设过程通过废旧沥青路面材料回收和处理,可节约 280 万元,废旧材料可重复利用。

③ 工程建设过程有部分沥青拌合楼通过燃烧天然气代替燃烧重油方式,采用优质、高效、安全、洁净的天然气取代重油和柴油,燃烧热量利用效率提高,减少了二氧化碳的排放,节约了社会能源。初步估算沥青拌合楼采用天然气取代重油和柴油,可减少 10%—20% 二氧化碳排放量。

④ 从设计阶段起,组织有关专家对隧道照明设计方案进行评审,重点从安全性、可行性、经济性等方面综合考虑照明系统的优化设计,确定了加强照明采用高压钠灯和基本照明采用 LED 灯相结合的照明方式,积极推广应用性能稳定可靠的节能技术和产品。对电力变压器进行合理选型,采用非晶合金节能型变压器,减少能耗约 30%。

⑤ 因地制宜,采用地源热空调系统,扩大应用热泵、热回收技术,提高能源利用率。部分房建站区运用了工程菌曝气滤池(EM‐BAF)污水处理工艺,并强化菌种和调整填料,提高了对污染物的去除效率,改善了出水水质。

⑥ 使用新型节能建筑材料,在维护材料方面使用加气空心砌块,减少热量损失;玻璃窗使用镀膜、中空、双层加气玻璃,达到节能和很好的降噪效果。

### 3. 以人为本理念

交通工程,自古至今从来就是利国惠民之功德工程。"为民造福"是交通基础设施的根本出发点和落脚点。从这一价值观出发:

#### (1) 使用持久

大型工程要讲究耐久性,使其"社会寿命"大于"功能寿命",确保人民出行和货物畅通。

#### (2) 节约资源

工程对自然的索取与利用要"适度"和"有节",以保证"国家足用,财务不屈",做到资源节约和工程的可持续发展。

#### (3) 环境协调

大型工程是技术、艺术与生态的融合,必须重视路桥与环境的和谐,使工程成为民众通行和观赏的佳处。

#### (4) 廉洁自律

工程建设既然"为民",工程建设者绝不能"为私",特别要杜绝工程建设中官企之间的"隧道行为"以及"权利寻租",任何损害人民利益的贪腐行为都是与"为民造福"的交通工程建设宗旨相悖的。

"人民"是工程建设资源的获取源头和造福的对象,接着我们把关注的目标转移到工程建设一线的"人员"身上,毕竟这些参建人员与工程建设目标的达成息息相关,是工程管理的直接对象,工程建设要把以人为本的理念转化为人本化管理的常态管理模式。

人本化是管理上对人性的回归。关于管理我们追根溯源,在工业革命时代,由于技术革命推动,并且有大量的劳动力可以被使用,那时候的管理以效率为最大目标,将人"异化"为物,用管物的方式去管人,对于那个时代而言,这是高效率的,极大地提高了生产力。之后的科学管理,也挣脱不开这一观念,后来的管理的发展,又从把人视为"物"的异化状态一步步回归。这也是由于粗放的方式转为精细的管理,可以取得很好的效益,而在精细化之上的进一步精细化,如果不能有所突破,则效益曲线呈现出递减的形态。所以企业的管理又以人性化为突破口,进一步激发人的创造力。

在工程管理领域内,尤其是在我国国情下,我们可以清晰地看到,人力成本在急剧上升。我国前一段时期,无论是企业还是工程,都是受益于廉价的劳动力成本,这是我国人口红利带来的。工程建设的待遇相对优厚一些,在劳动力市场上较为容易便可招到可用的工人。而在当前,企业招人已经相当困难,各个地方的"用工荒"不断见诸报端,对工程建设企业更是如此,目前的一线施工工人的工资水平已有较高水准,但人员招募仍然比较困难,并且一线工人的年龄偏大,青壮年劳动力短缺,这些问题已日益凸显。究其原因,主要如下:

(1)人口结构发生变化

由于我国执行了计划生育这一国策,因此我国的人口变化,尤其是适龄劳动人口的变化,呈现出来的不会是平滑的曲线,甚至有可能出现"断崖"的形态。根据国家统计局的数据,2012 年我国劳动适龄人口比 2011 年减少了 345 万,这个看似简单的数据却暗含着我国经济社会发展的一次重大变革,预示着我国人口红利的拐点正式到来。

(2)刘易斯拐点显现

自 2004 年开始,我国首先在珠三角地区出现"民工荒"现象,以后几年"民工荒"现象愈演愈烈,到 2011 年,不仅是东部地区,甚至中西部地区也开始出现招工难现象。与此同时,各地区不断上调最低工资标准,农民工实际工资水平也有显著上升。总之,无论是大规模的抽样、经验观察还是相关研究成果都表明,我国正在经历着劳动力从无限供给到出现短缺的转变,目前已进入了"刘易斯第一拐点"。

(3)人员诉求改变

参与工程建设的人员往往是背井离乡,而工程建设的环境又相对恶劣,工程建设期之后又不得不转移"阵地";工程建设经常赶工期,或在关键节点上持续加班,工作条件比较差;危险作业较多,容易受到健康危害,甚至生命威胁;工程建设营地条件简陋,员工的生活艰苦;再者,生活环境相对单调,造成大部分员工处于精神亚健康状态。如果仍采用单一的经济上的激励,很难取得良好效益。

正因为上述诸般缘由,这些内外因素交织在一起共同促使着广乐公司重视工程管理中的人本化管理。改变过去那种粗放地通过经济激励的方式进行赶工期、抢进度,对生产一线员工的生活和心理状态不管不问的方式。

随着我国迈过刘易斯第一拐点,这意味着在未来某一个时间点,一线员工的募集不会再以农民工为主,这时候工程建设企业不得不面临和别的产业争抢人力资源的情况。在这样的情形下,工程建设企业若不再积极转变态度、改变形象,那今后不得不花更大代价,而且是被市场倒逼着改变,那就非常被动,企业的发展就会陷入停滞,甚至难以为继。具体来说,以人为本的工作要求:

(1)崇尚劳动

即使在当前,现代科学技术发展非常迅速,但我国公路交通工程建设仍属劳动密集型实践,特别是工程体力劳动的相对简单化,使得体力劳动者应有的被尊重地位下降了,而公路工程的特点需要我们大力树立"崇尚劳动"的理念,促进社会公平正义的使命。此外,还要对广大工人心存感激,尽量给予精神上应有的慰藉,要善待劳动者,为员工提供学习成长的机会,直至让员工的贡献载入史册。

(2)合理报酬

在工程管理实践中保证现场施工人员有合理的经济报酬,尤其是农民工工资的发放,要有序进行,对于拖欠农民工工资的行为要严厉禁止;对于一些高温补贴、危险作业补贴、加班工资等,要及时发放。

(3)安全保障

对于员工的生活居住营地,要保障有一个舒适安全的环境;对于建设工地,要保障作业的安全和合理的设施配备,减少员工的意外伤害事故。同时对于员工的心理健康要做适当疏导,在适宜的时机开展文体活动,丰富其业余生活,保障其作为光荣劳动者应有的权益和尊严。

做到如上几点之外,我们还要尊重科学。大型工程建设由于其成果的不可逆性,必须确保一次性实现预期目标,这样,工程建设必须体现"尊重科学"的价值观。"尊重科学"在"人"的方面,突出一点在于专家,专家作为工程建设中重要场外智囊,对于工程建设各方面的重要性不言而喻,既为工程建设指路,也为工程现场把脉,因此要尊重专家的经验、知识与智慧。

不难看出,无论从工程建设的宏观层面还是微观层面,大型工程管理在工程建设为人、尊重人、善待人、服务人等方面,全方位地确立了"人"的至高、至上、至善的地位。也只有确立了以人为本的价值观,才能保证工程建设的科学发展、绿色发展和可持续发展,也才能有工程的高质量、高安全。

### 4.3.2　现场安全管理实践

广乐高速公路 3 次跨北江,多次跨国省道,两次跨京广铁路,3 次下穿武广高铁。正是这样复杂的地质条件,使广乐高速公路形成 28 条隧道、10 座特大桥、40 座高桥墩,桥隧相接,隧桥相接,特别是在大瑶山段,桥隧比例高达 96%……透过这些数字,广乐高速公路的建设难度和建设背后的安全隐患不难想象。实际情况是,5 年施工,广乐高速公路建设工程未发生一起安全责任事故。

为落实"双标"管理理念,广乐公司通过安全管理信息化和平安工地建设,统一全线各参建单位安全生产管理体系和管理模式。针对项目隧道、桥梁、高边坡众多且地质复杂的特点,在全省范围内率先建立隧道施工安全监控与应急指挥系统,关键控制性工点施工监控系统,有效保障了关键控制性工点施工安全,也使得广乐高速公路建设安全有章可循。

针对项目施工难度大、危险源多、安全风险高、安全生产管理压力大等特点,广乐公司坚持"安全第一、预防为主,综合治理"的方针,将"平安工地"建设与"双标"管理紧密结合,通过积极采用现代化的科技手段(施工监控系统等),实现了安全业务管理模式从传统的现场点对点管理到现代的远程网络系统协同管理的飞跃,实现从经验管理到标准化管理的飞跃。

实施安全管理信息化和平安工地建设,统一全线各单位安全生产管理体系、安全生产管理模式,规范安全生产管理行为,完善安全生产档案资料,以确保工程项目建设安全。针对广乐项目隧道多且地质复杂的情况,专门建立的隧道安全现场监控与应急指挥系统有效地保障了隧道的施工安全;通过实施安全管理标准化,确保在安全的前提下按计划完成广乐建设任务。安全生产管理标准化主要包含:

1. 安全管理信息化

① 安全生产管理系统。以广东省高速公路有限公司建设项目安全生产管理系统为平台,对广乐项目全线安全生产进行监控管理。

② 广乐关键控制性工点施工监控系统。针对广乐高速路线长、项目规模大的特点,广乐高速对关键控制性工程实施视频监控,在全线 29 座隧道、高于 40 米的高墩桥、高于 30 米的高边坡等 75 处工点设置监控点,以保证对施工过程进行有效的监控。

③ 隧道安全现场监控与应急指挥系统。对全线长隧道、地质复杂隧道

采用隧道安全现场监控与应急指挥系统,对在隧道中的施工人员进行精确定位,实施人员动态管理及安全预警。

坐在广乐高速公路参与各方(施工单位、监理单位及业主)的任意一台电脑前,打开视频系统,就可对全线的施工关键点(如长隧道、高墩桥、高边坡、拌合楼、钢筋加工厂等)进行视频监控。监控系统、集施工监控、人员精确定位、人员动态管理、安全预警、灾后应急和逃生、日常管理等功能于一体,使管理人员能够随时掌握施工现场人员、设备的分布状况和人员设备的运动轨迹,便于进行合理的调度管理。

2. 平安工地建设

与信息化并行的是健全的安全保障制度。王雪峰介绍,广乐高速公路建设项目各级都设有安全监管部门,标段与业主签订安全责任状,实行安全责任到人。同时,在施工中举办农民工夜校,并在施工前进行安全交底,培养既有安全意识,又有安全知识的施工人员,进一步提高安全施工系数。

针对广乐项目隧道多且地质复杂的特点,广乐公司专门建立的隧道安全现场监控与应急指挥系统,有效地保障了隧道施工安全。通过一系列具体方法,确保在安全的前提下按计划完成广乐高速公路的建设任务。广乐公司根据省交通集团有关要求,积极开展"平安工地"建设活动,努力打造"平安工地"示范项目。

① 建立健全安全生产规章制度,认真落实安全生产责任制;

② 完善工程专项安全方案审查,加强应急演练;

③ 加强安全培训和岗前教育,提高人员安全意识;

④ 加强安全隐患排查治理,确实消除安全隐患;

⑤ 加强特种设备管理,坚持持证上岗;

⑥ 认真落实安全生产费用专款专用。

危险源预警法——每个月根据工程进展情况要求施工单位组织相关人员进行危险源辨识并采取相应的防控措施。

危险源辨识与防控——按照工程作业面、点划分预警单元,并根据所划分单元的生产进展环境危险程度、工艺要求、天气变化综合分析,确定第二天预警等级,在班前会上进行讲解、传达、告知,并在单元预警牌上发布。

2011 年 3 月,广乐项目"平安工地"建设通过广东省交通运输厅和广东省交通集团的验收;2011 年 5 月,广乐高速公路被推荐为第一批部级"平安工地"示范工程,在交通运输部网站进行公示。

## 4.4　现场标杆管理

标杆管理规划:根据项目推广标杆工程的规划,全线确定了以 T4 标大瑶山隧道群、T10 标长基岭隧道、T12 标乌石北江特大桥等工点作为项目的重点标杆工程及标段。每个标段根据自身实际情况确定一至两个标杆工程。

按照"好字当头、快在其中"的原则,全面推行高速公路建设标杆管理,大力营造"你追我赶、争先进位"和"比、学、赶、帮、超"的良好氛围,促进高速公路建设管理、质量水平明显提升,努力形成一批优质工程,打造一批优质团队,培养一批技术人才,建立高速公路建设科学发展的长效机制。

① 根据项目实际情况确定重点标杆工程及标段。评选推进标准化管理的标杆单位,树立工程质量优良、管理规范的样板标段。

② 每个标段根据自身实际情况确定标段内的一至两个标杆工程。充分发挥"标杆工程"的示范引领作用,对标杆工程进行评定和推广,形成争先创优的良好氛围。

③ 打造一批优质团队,培养一批技术人才,树立一批标杆人物。

根据项目推广标杆工程的规划,确定了以 T4 标大瑶山隧道群、T10 标长基岭隧道、T12 标乌石北江特大桥、T27 标清远北江特大桥、T30 标花山北互通等 28 个工点作为项目的重点标杆工程及标段。

## 4.5　"双标"管理成效

广乐高速公路通过实施勘察设计标准化、工地建设标准化、施工作业标准化、安全生产标准化、项目干系人管理标准化五个方面,贯彻落实了《广东省交通运输厅高速公路建设管理提升年行动纲要》的精神和省交通集团"双标管理"的有关要求,明显提升建设管理、质量水平,有效治理高速公路工程质量通病。5 年的艰辛付出,广乐建设者切实把技术标准、管理标准、作业标准落到实处,给"双标"试点交上了一份满意的答卷。广乐高速公路建设工程连续多年被评为"交通运输部第一批平安工地示范项目"、"广东省公路工程'平安工地'示范工程"、"全国交通运输企业文化建设优秀单位"、"全国公路交通系统重点工程劳动竞赛先进单位"。

工程建设过程中,广乐公司在推行"双标管理"的同时,以抓基层党建创新"书记项目"为契机大力推进党建工作标准化建设,实现了公司党组织基础扎实、机制完善、管理规范、标准统一、运转有序、形象优良、作用凸显的管理目标,将公司党组织打造成为可推广的党建创新品牌、示范品牌。

广乐公司还在提高工程管理水平、加大科技创新力度、确保低碳节能环保、着重建设企业文化等诸多方面采取了很多新举措,取得了骄人的业绩,广乐公司为我国的高速公路建设提供了可借鉴的经验。

**成效一:驻地项目部科学规划,整齐划一**

项目部驻地建设科学规划,布局合理,会议室宽敞明亮、设施齐全。工地实验室干净整洁、设备齐全、先进,满足各项工程试验的要求。规范拌合站、预制场、钢筋加工厂的建设,实现混凝土集中拌合、构件集中预制、钢筋集中加工。钢筋加工厂标准化,堆料场采用彩钢板搭设,不同集料分仓存放。以 2010 年为例,在广东省交通运输工程质量监督站 2010 年 8 月标杆工程评比活动中,广乐高速公路 T4 合同段一工区,荣获"项目驻地建设标杆工程";广乐高速公路 T4 合同段钢筋加工厂、广乐高速公路 T27 合同段钢筋加工厂,荣获"钢筋加工厂地标杆工程"。

**成效二:科学设计,降本增效**

科技创新,优化设计,降本增效。为进一步提高设计质量,节约工程造价,减少工程建设期间的工程变更,确保工程的施工质量和施工进度,广乐公司通过开展优化设计、技术革新、科技攻关等竞赛活动,使项目实现了降本增效。

① 在科技攻关方面,针对项目建设中的关键难题,广乐公司与全国多家科研院(所)合作,开展了 15 个科研课题的专项研究。其中《隧道群施工安全监控和应急指挥系统研发与应用技术研究》于 2011 年 5 月通过了省安监局和省交通厅的联合验收,已在全线推广应用。《广乐高速公路安全保障与应急关键技术》、《大跨扁平隧道开挖施工安全及方案决策关键技术研究》、《隧道洞渣利用及填石路堤关键技术研究(填石路堤)》、《隧道节能技术应用示范研究》通过了广东省交通运输厅组织的中间成果评审,目前正在完

善课题研究,并将适时推广研究成果。

② 通过优化设计,全线节约投资约 30 900 万元,避免经济损失约 400 万元。其中:局部路段优化纵断面设计节约投资约费用约 4 200 万元,如 T6 标 K55+900—K58+460 路段、T21 标 K178+770—K178+880 路段纵断面优化设计后分别节约费用约 1 800 万元和 2 400 万元;采用"桥改路"设计节约投资约 2 700 万元,如 T2 标冷水井 2 号桥、T5 标月丘大桥"桥改路"325 米节约费用约 1 200 万元,T26 标马头下大桥"桥改路"150 米、细坑大桥等五座桥梁压缩桥梁长度 150 米节约费用约 1 500 万元;桥梁结构物通过优化设计节约投资约 4 000 万元;隧道结构物通过优化设计节约费用约 12 000 万元;取消路基溶洞注浆处理节约费用约 8 000 万元;针对广州花都段原设计线路红线范围内抢种现象严重的情况,为避免不必要的经济赔偿,广乐公司会同设计院通过现场踏勘,在对项目工程不造成任何影响的情况下,合理绕开 4 千米多抢种严重路段。线路的重新布设,使公司避免了经济损失约 400 万元。

**成效三:施工精雕细琢**

标准化施工手册《路基土建施工篇》,标准化要求涉及路基、桥梁、隧道施工,为严把工程质量关,全线 302 千米工程必须全部按照标准来做。

在建设过程中,广乐高速公路全面贯彻标准化管理,实现了路基施工"粗活细做"、桥梁施工"细活精做"、隧道施工"精雕细刻"、施工内业管理"精益求精",达到了对工程建设质量的全面掌控,建设过程中的各类风险得以有效控制。每一次工程质量监理抽检情况显示,广乐高速公路建设工程无论是原材料各项指标、路基压实度合格率,还是钢筋间距、钢筋绑扎等,合格率都高达 98% 以上,多项指标甚至达到了 100%,在质检站高速公路质量检查排名中,广乐高速公路一直稳居全省前列。以 2011 年为例,2011 年 1 月广乐公司组织对已进场展开工程实体施工的标段进行质量综合检查,检查结果与 2010 年省质监站第二次质量综合检查全省平均抽检指标对比(图 4-6),原材料合格率 99.3%,高于全省平均合格率 10 个百分点;路基工程合格率 91.1%,高于全省平均合格率 9 个百分点;桥涵工程合格率 85.6%,高于全省平均合格率 7 个百分点;隧道工程合格率 94.7%,高于全省平均合格率 4 个百分点。

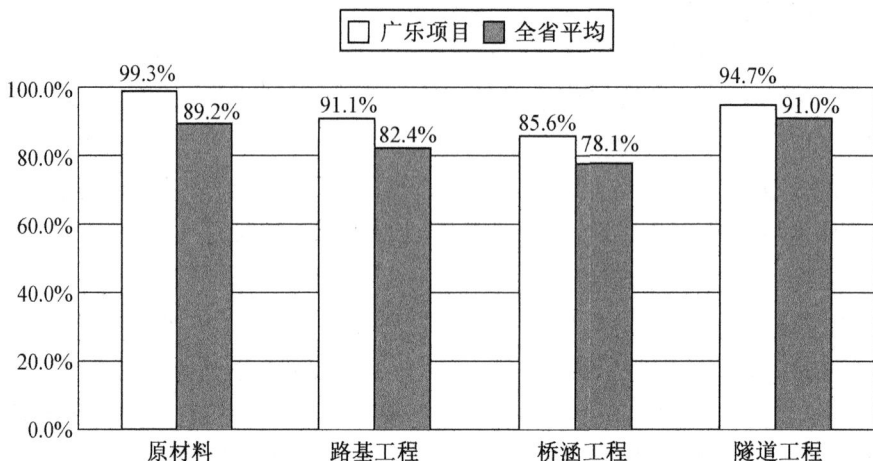

图 4-6 工程实体各项合格率对比

**成效四:安全实现零事故**

通过实施工程安全标准化管理,切实将安全生产法律法规、技术标准落实到基层,全面夯实安全工作基础,做到施工现场安全防护标准化、场容场貌规范化、安全管理程序化,建设各方安全生产责任落实,安全培训教育坚持有效,施工安全风险得到有效控制。实现杜绝重特大事故、遏制较大事故、减少事故总量的目标,创建广乐高速公路"零伤亡"工程,打造广乐平安工地,推进项目施工安全管理水平整体提升。5 年的攻坚克难,广乐高速公路建设者即将到达胜利终点。谈起工程,广乐公司总经理敖道朝表示,这条全长 302 千米的高速公路,尽管线长、面广、量大,但在建设中未发生过一起安全责任事故,始终以优质状态平稳前行。

广乐项目开工建设以来,在广东省委、省政府和省有关单位的正确领导下,在沿线地方政府和人民群众的关心支持下,广乐公司以"双标管理"抓手,以劳动竞赛为载体,点燃创业激情,30 000 筑路大军沐雨栉风,顽强拼搏,逢山开路、遇水架桥,战胜了一道道难关险阻,用智慧和汗水书写了广东高速公路建设的又一华章。

**成效五:双标管理,示范带动**

单项标杆工程:在广东省交通运输厅标杆工程评比活动中,广乐高速公路 12 个合同段共获 22 项样板(标杆)工程,占全省样板(标杆)工程的27%,其中 T4 标和 T27 标成绩尤为突出,成了全省的标杆。

标杆人物:公司注重挖掘工程建设过程中涌现出来的先进典型,通过发现典型、树立典型、宣扬典型先进事迹,充分发挥典型引路的作用,以此助推项目建设。10 多人荣获"2011 广东省公路工程劳动竞赛先进个人"称号。

广乐公司对以上先进单位、集体和个人进行奖励,合同外奖金总额达5 687 万元。

# 第5章 广乐高速公路柔性组织资源管理

工程建设过程就是将各类资源依据一定的科学技术整合的过程,资源包括人力、材料、设备、技术和资金等。工程资源在工程建设过程中扮演着十分重要的角色。通过数据统计分析,发现工程物料成本约占项目总成本的50%—60%,占预算控制水平的80%。工程资源获取的方式包括外部购买和内部培育两种,由于工程建设所面临的不确定性、主体多样性等特点,工程资源管理面临着较多难题。

针对广乐高速工程跨越地域广,所经线路地形、地质条件复杂的特点,以及"双标"管理的模式,结合广乐高速的质量、安全、工期等约束特性,广乐公司提出了工厂预制化和集约化管理模式,即战略资源"三集中"模式。"三集中"包括混凝土集中拌合、构件集中预制、钢筋集中加工。

广乐高速工程资源管理体系,为柔性组织提供了基本管理保障,减少了管理的幅度和难度,核心资源集中管理,释放管理能力集中到集团管控上。

## 5.1 工程资源界定

从资料种类来分,工程资源包括人力资源、资产资源、物质资源、自然资源、运力资源和进度资源。

人力资源:指从事工程建设的作业人员和管理人员;资产资源:指工程供应链中所需要的施工机械和设备等固定资产;物质资源:指工程供应链中所需的各种原材料、构配件和能源等物资;自然资源包括两个方面,一是指工程各种空间平面分布,包括工程建设现场的地理位置、工人和设备进行施工所需的劳动空间、施工现场的平面布置等,二是表现在工程实施的外部效应上,包括工程实施的质量、安全和对环境的影响等方面;运力资源:工程的人流、物流和信息流,其中人流包括工程建设过程中工序的技术和组织关系、各工序的人员配备等,物流包括原材料的采购、储存和使用过程,信息流包括工程供应链中各种进度、成本和质量信息的收集、整理、传递和处理过程;进度资源:指工程建设过程中的进度安排,它包括两个方面,工序的持续时间和工序的开始时间。

从资源重要性来讲,资源分为一般性资源和战略性资源。一般性资源是采购和供应都比较方便的资源,不会构成工程建设的约束性瓶颈。而战略性资源则是工程,特别是大型工程建设过程中的一类对工程不可或缺或十分稀缺的资源,如重大装备、重要材料、核心技术和关键工艺等,对工程建设成败具有决定性作用。大型工程建设的战略资源不仅具有成本高、定制化程度高、供应商数目有限等特征,而且此类工程的战略性地位决定了战略资源的获取、配置和供应不同于一般性资源,呈现出更加复杂的系统特征,在与组织和流程的融合与集成过程中带来了巨大的挑战。突出表现在:

① 大型工程战略资源目标的多元性,一方面要服务工程的直接目标,如成本、质量、安全、进度等,另一方面还要考虑国家的创新战略,依托工程战略资源中关键技术攻关、设备研发等来提升企业竞争力,并且目标呈现出演化的特征,因此在与组织和流程集成时,首先需要进行多元目标的凝练;

② 大型工程战略资源在采购和创新过程中涉及承包商、分包商、供应商等多参与主体,各自利益诉求不同会引发主体之间的运作和利益冲突,这就要求战略资源与组织和流程集成时,必须进行冲突协调;

③ 大型工程战略资源管理主体在选择获取资源路径上面临着决策困难,如选择市场购买方式往往存在成本高、供应商违约、贸易壁垒和行业封锁等情况,而采取创新途径则存在周期长、技术不稳定等资源冲突情况,因此大型工程建设首先需要解决资源,特别是战略性资源的冲突问题。这也是广乐高速公路在"双边"管理模式下首先需要解决的焦点问题。

## 5.2　工程资源冲突

由于资源作用的差异,工程供应链中的各节点企业在资源配置中其关注重点有所不同。业主方重点关注工程核心资源的积累和培育,主要施工企业重点关注现有资源效率充分发挥,施工监理企业重点关注资源使用的平衡。由于各方关注的重点不同,工程供应链中资源配置面临如下问题:

在进度控制中,经常会出现业主、技术资源供应商、原材料供应商、施工单位、监理等在时间、空间和其他相关资源上彼此力图取得支配、主导权而产生矛盾与冲突的情况。重大工程建设规模巨大,工程技术资源需求量大,参与建设的监理和施工承包商通常也众多,各单位的利益、目标、偏好不尽相同,在工程施工过程中难免存在不同程度的冲突。

任何一家技术资源供应商或项目承包商所承担的工程子项目和施工任务都仅仅是整个工程某个阶段中的一个方面或一个部分,但在重大工程建设过程中经常是多家供应商或承包商平行运作。设备、物资供应及空间布局相互影响、相互制约,各个工程子项目和工程任务内部以及之间的界面管理很大程度上影响着工程进度控制的效率。

工程建设中有些标段是同时进行的,而江面的作业面积是有限的。施工承包商在具体作业安排、公共资源使用上一般主要考虑自己的利益和要求,也就是说,各施工承包商的工程进度控制在监理协调之后尚不能完全、彻底地解决在空间、时间和资源使用上的交叉和矛盾。

在整个市场经济的大环境下,由于经济利益驱使,联合体内部成员之间必然存在竞争和壁垒,但对于整个工程供应链来说,资源和技术的壁垒就会影响整个工程建设。

一般来说,对技术设备、高科技材料、技术人员的管理和控制是由各个供应商或承包单位自己负责的,然而重大工程建设难点多,有些单位缺少相关经验,所以从工程高水平、高质量要求看,一线工人的知识和能力还较低,人员素质参差不齐。如果这些问题得不到合理的指导和控制,那么必然会降低工程技术资源供应链乃至工程项目建设控制水平。

## 5.3 资源协调管理

### 5.3.1 工厂预制化

大型工程工厂化预制是指工程建设中将一些部件交由专业的工厂进行预制,并将制造好的产品运输至施工现场进行安装,它使得工程由开放的环境下非专业工人的施工变为封闭环境下半自动甚至全自动的精密制造,严格控制了工程部件的施工环境与设备,不仅实现工程部件的标准化生产与施工现场管理的简洁有序,更通过专业化和自动化的预制流程控制了施工过程的不确定性以保证工程质量。在重大工程中,一些关键部件如钢箱梁、围堰钢结构等,质量要求高、工期要求紧、施工现场条件相对简陋、建造环境开放,这些关键部件需要委托专业化的钢结构制造企业代为预制,这在一定程度上大大提高了产品质量的稳定性,降低了工程现场的管理复杂性。因此,工厂化预制已经成为重大工程关键部件制造的主要手段,在工程建设中运用的范围也在不断扩大。

英国建筑工业研究和信息学会(CIRIA)对于预制给出了一个较为权威的定义:预制是一个制造过程,即在特定的工厂把多种原材料联合起来形成最终设施的部分组成部分,同时这些制造过程可以在一个相对封闭的工厂的环境下也可以在露天的环境下。预制生产本质上即为工厂化生产,其技术水平取决于工业水平,即机械化、自动化、智能化的设备。

然而,大型工程关键部件预制过程中亦存在一些问题:大型工程所定制的产品体量较大、制造工艺复杂、技术难度大,超越了承包企业流水线上一般产品的要求;产品工期要求更为严格,该产品工期的缩短对整个工程的进度有重要影响。因而,对于工厂化预制商而言,在质量和工期的双重压力下,追求技术创新以期不仅完成重大工程关键部件"高标准、高效率"的要求,亦增加该预制商的未来竞争力。然而,由于技术创新需增加生产设备、改进工艺,导致投入成本较大,工厂化预制商面临的风险较大。

大型工程工厂化预制有其特有的特征,关键部件的首批生产往往需要一个摸索阶段,易发生设计变更、设备更换、工艺变化,因而耗费时间与成本较多,对质量要求也更严格;后续生产在首批基础上开展大规模生产,此时质量水平往往处于首批质量波动范围内。

广乐高速公路将整个承包商的构件进行集中预制,钢筋进行集中加工,实现建筑企业工业化制造,提高了产品质量、节省了建筑空间、保护了环境,最重要的是达到了精细化生产,为广乐高速高质量完成提供了管理保障。

## 5.3.2　物流管理

广乐高速工程集中预制集中生产后,就需要物流系统的保证。

1. 统一规划物流运作系统

我国工程物流管理过程中的运输、仓储系统极其分散,管理手段较为落后,工程组织架构中没有独立的物流运作单位,多个物流单位以及多个工程组织单位间各自为政,导致项目成本增加、信息传递滞缓、效率低下、资源浪费,不能发挥工程物资采购的整体规模效应。此外,大部分工程物流任务承担主体多,没有形成第三方物流运营体系,因而物流活动的管理环节的协调成本较高,不利于物流成本、运输配送效率、信息传递速度等多方面的改善。

再者,对于整个工程系统而言,缺少对物流管理的全过程监控和物流风险应急体系等。因此,构建可靠的物流运作网络,对工程施工成本、工期控制等均具有较高的研究价值。

为了避免以上问题,广乐公司在工程规划时就规划了其物流系统,一方面,统一规划广乐沿线的物流运作系统,将仓储、运输、装卸搬运、采购、包装、配送等物流活动纳入统一的物流运作管理部门,将工程物流上升到广乐工程管理的战略层高度;另一方面,充分利用现代信息技术、物联网技术等,实现物流管理的电子化,全面、准确、动态地把握物流运作的整个过程,为广乐高速物流提供必要的技术支持。

2. 与供应商之间构建长期、稳定的伙伴关系

供应渠道的选择是物流管理的核心业务之一,供应渠道在整个供应链管理中地位非常突出,是物资的源头。供应渠道选择的目标是使物资从采购、租赁到材料入库的总成本达到最小,质量、交货期、服务水平达到预期水平,尤其是物资供应商、租赁公司的选择。对于工程建设的大宗物资、大型设备采购而言,供应渠道的选择尤为重要,也是工程供应链物流管理的重点内容之一。

广乐高速工程施工承包商是工程供应链的运作核心,可以在长期、多项目、连续施工与物流供应商、物资供应商之间形成长期有效合作,同他们形成共享信息、共担风险、共享收益的战略联盟,提高工程供应链运营团队在工程招投标中的核心竞争力和竞争优势。再者,战略联盟有利于统一目标,有利于合作团队之间的沟通协调,可以有效降低工程物流的运作成本,同时降低物资供应商、物资中转站、施工现场的库存成本。

3. 承包商与物资供应商共享需求信息

信息共享不论对制造业供应链管理还是对工程供应链管理都至关重要,是提高供应链运作效率的有利条件。在工程施工过程中,物料供应商接收施工承包商的物料需求计划,根据物料需求计划为施工承包商供应资源。由于施工承包商在施工场地的库存只能充当一个材料存储的临时缓冲器,在施工承包商与供应商信息共享程度不高的情况下,施工承包商为了避免物料短缺常常采用安全库存的仓储策略,这大大增加了现场库存的管理成本。施工方库存成本的增加可能使其他施工环节出现资金短缺现象,对工程质量造成影响。施工承包商与原材料供应商之间共享物料信息,有效降

低施工场地库存,降低施工现场物料管理的难度。

对于原材料供应商而言,他们所面临的工程物资需求往往波动幅度较大,常常集中在某一时段内对某种特殊材料的需求量大增。此外,当工程复杂性较高时,常常出现具有创新特色的施工工艺与施工材料。这些情况加剧了工程物资供应商的库存管理难度,在相关信息缺乏的情况下往往难以优化库存。因此,面对施工承包商的需求计划和市场原材料供应状况,物料供应商在保证工程建设过程中不发生缺货风险的同时保持最优库存,需要施工承包商能够共享其资源需求信息。

### 5.3.3 选址拌合站

混凝土拌合站是将水泥、砂石、水等原材料按照不同的工艺比例进行拌合来生产混凝土的工程建设设备,混凝土拌合站的配置方案是直接影响工程进度、成本和质量等绩效的重要因素,对工程建设管理至关重要。

在公路工程建设过程中,拌合站是常用的设施,拌合站的建设需要投入较大的征地成本,拌合设备越来越向大型化发展。通常情况下,当工程由多个施工承包商共同完成时,每个施工承包商针对自身的标段,选择合适的拌合地点建设拌合站,这些施工承包商之间相互独立施工,不存在竞争与合作关系。这种松散的施工单位关系往往造成拌合楼的重复建设,即使两个施工场地较为接近,也常常不能共享混凝土拌合的相关资源。此外,当某一施工单位的施工路线较长时,随着施工进度的进展需要对拌合楼进行拆迁,需要付出较大的设备安装费用,当两个标段衔接并距离较近时,若共享拌合楼建设资源,就可以省去部分拆迁费用。

工程实践中,混凝土拌合站的管理通常由各施工单位独自负责,未能对多个承包商的拌合站实现资源共享,集成多个承包商共建、共用拌合站资源不仅能够提高拌合站运作效率,大大降低施工总成本以及每个承包商的施工成本,同时也可以实现混凝土拌合的专业化管理,从而提高混凝土质量。拌合站的建设位置和建设数量是拌合站管理的重要决策变量,两者均随施工进度的变化而变化。承包商之间虽然具有彼此共享与合作的意愿,但一方面拌合站选址、运输规划本身受到诸多因素的影响,如建设环境约束、建设成本约束、混凝土订单满足率约束以及混凝土拌合完成到投入使用的时间约束等,此类问题具有非线性、离散事件的特征,最优解决方案的求解往往比较困难;另一方面,工程施工进度、混凝土需求量变化等使得拌合站管理成为一项复杂的运作过程,如何实现拌合站资源的动态配置是值得进一步深入研究的问题。

广乐高速工程施工单位面对这样的问题,从总体上规划工程的拌合楼建设与运输路径,一定程度上降低了工程物流运作成本。

### 1. 混凝土供应链网络结构

通常情况下,工程拌合站的规划是在工程设计阶段完成的,但设计单位往往为了节省设计师的工作时间和人力成本,或者缺乏与施工单位的信息共享,不了解施工过程中的资源需求状况,导致拌合站的规划设计结果并不理想,不能满足施工过程的要求。该项工程的业主投资过多个高速公路项目,不止一次面临以上问题。除了拌合站选址问题外,由于设计、施工脱节而产生的其他问题也较多。

此外,传统的"设计—招标—施工"模式在高速公路建设中,施工部分常采用并行发包模式。业主将高速公路建设分为若干个建设标段,每个标段独立进行招标,因此一个业主要面对多个工程施工团队,这些施工团队之间不存在任何合作、竞争关系,工程采用"业主招标施工方承包供材"物流模式。这种管理模式下,多个施工单位的拌合站独立建设,混凝土资源也独立运输和供应,施工单位之间没有形成资源共享、成本共担的合作机制,导致拌合站重复建设和拆迁、运输资源浪费。

为了防止此类问题的发生,广乐高速在项目建设可行性分析的基础上,对拌合楼进行统一,由选择承包商进行建设。在规划过程中,业主单位、设计单位与施工单位联合起来进行拌合站选址规划,施工单位之间也可以共享拌合站资源、物流运输资源。

设计施工联合体共同承担拌合站的选址设计、供应路线设计,统一采购,降低从拌合站到施工场地的物流运输成本,降低拌合站的建设成本,减少混凝土运输车量的租赁成本等工程施工成本。在施工单位之间构建成本共担的合作与激励机制,共同承担拌合站管理与供应运作过程中的成本,共同分担物资供应过程中的风险,激励施工单位积极共享相应的施工资源需求信息,从而降低拌合站物资需求的不确定性,达到拌合站统一管理、整体优化的目的。

在混凝土物资供应网络结构中,从混凝土拌合站到施工场地的物流配送由专业的工程物流运营商承担,可以大大降低施工单位的物流运作难度和管理复杂性,施工单位只需要专心于施工建设过程即可,同时第三方物流运营商的专业性更是可以提高施工现场物流运作的安全性和有效性,提高物流运输的速度和配送效率。再者,预拌混凝土也由专业的制造商管理和负责,预拌混凝土制造商需要对混凝土导致的工程质量问题承担主要责任,专业的预制混凝土企业借助信息技术建设控制系统,形成质量控制方案。在以上专业化分工的基础上,实现工程物资供应与物流运作环节的保障与增值。

　　2. 拌合站选址

　　拌合站位置的选择具有几点基本要求,首先,为提高混凝土供应效率,节约运输成本,拌合站应尽量靠近施工现场,同时避免施工干扰,尽量处于供应范围的中心位置。其次,为了便于砂石料、水泥、粉煤灰、矿粉等材料进场运输,拌合站应交通便利,靠近公路,或根据地址实际情况修建引入线。再者,选址应该便于动力电、水源接入,通信畅通,邮路便捷,满足拌合站网络化管理要求。此外,还需要保证施工场地开阔平坦,面积满足施工需要,且确保施工环境安全。广乐高速公路工程施工路线见图5-1。

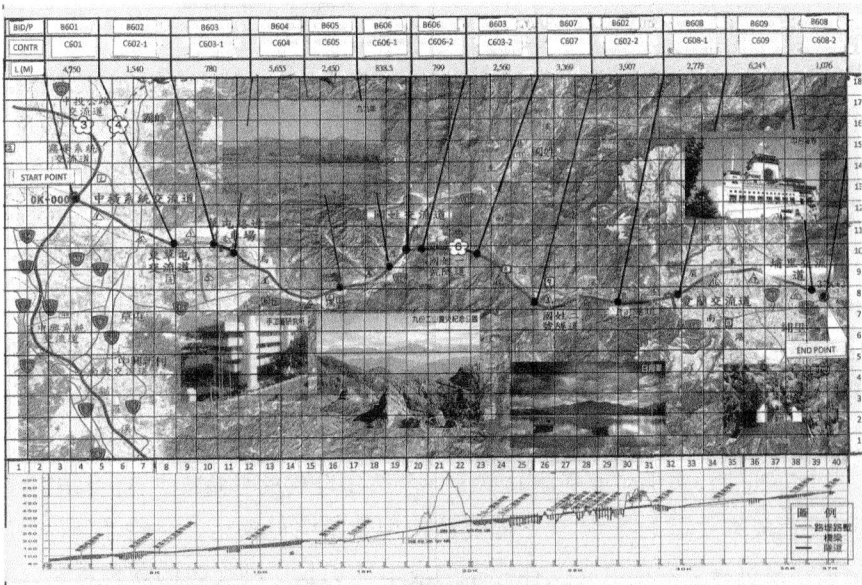

**图5-1　广乐高速公路工程施工路线图**

### 3. 管理机制

传统的工程管理过程只对拌合站的选址进行初步设计,即只确定拌合站的可选位置,例如本工程中的 11 个可选拌合站建设地址。施工分包商根据自身的需求,选择其中一个或多个地址建设拌合站,这样就可能在同一个可选地址上,两个或多个施工单位同时建立自己的拌合站,拌合站重复建设或部分设备闲置时间较长,导致拌合站建设与管理资源的浪费。此外,这种多个施工单位之间相互独立,不存在或较少存在共用拌合站资源的合作行为,容易产生场地资源、运输资源、交通资源等的竞争状况。

一方面为了减少甚至消除拌合站管理过程中施工分包商之间的资源冲突现象,另一方面为了节约拌合站建设与管理资源,广乐高速公路工程建设部提出了整合拌合站资源的管理方案,即多个施工分包商统一建设与管理拌合站,共同分担拌合站的建设与管理费用。首先,拌合站的建设与管理费用包括拌合站的建设费用、混凝土的运输费用、混凝土的生产成本,以及拌合站的管理费用。其次,根据每个施工分包商的混凝土使用量,分摊以上费用,分摊公式如式 5.1 所示。

$$施工分包商应承担的成本 = \frac{施工分包商混凝土使用量}{混凝土使用总量} \times 总成本$$

$$(5.1)$$

在此种资源整合与共享机制下,一方面拌合站的建设费用大大减少,减少了拌合站的工作时间,提高了工作效率,另一方面减少了运输车辆的租赁成本,提高了运输车辆的使用效率和运作时间,从总体上大大降低了施工总成本以及每个施工分包商的施工成本,实现了多方共赢的运营效果。再者,混凝土的制造过程由更加专业的承包商完成,充分利用混凝土制造的专业化运作优势,提高混凝土的拌合质量,进而提高整个工程的质量。此外,更有利于混凝土原材料的集中采购,降低原材料采购成本,有利于混凝土拌合承包商的库存管理和资源调配。

实践证明,多承包商资源共享下拌合站建设数量明显减少,拌合站的建设、管理成本大幅下降,拌合站的资源使用效率明显提高。因此,广乐高速工程建设过程中实施混凝土拌合站的成本共担是一种有效的管理策略,能够达到施工成本优化、资源共享的目的。

# 第6章  广乐高速公路柔性组织激励机制

为保障广乐高速柔性组织的有效运行,建设期间,广乐公司全面推行"双标管理"(标准化管理、标杆管理),提高工程质量和建设管理水平。根据省交通运输厅《关于征求广东省高速公路建设"优质优价"、"优监优酬"考评管理实施意见(征求意见稿)函》和《广东省高速公路工程质量监督综合检查评比办法(试行)》,以及土建施工合同有关规定,广乐高速公路提出了针对施工承办商的"优质优价"的激励考核办法,针对监理单位的"优监优酬"的激励考核方法,以及针对一线参建者的"劳动竞赛"的激励机制。

## 6.1  施工承包商激励

### 6.1.1  激励资金来源

根据广乐高速公路土建施工招标文件及与各中标单位签订的有关条款,"优质优价"奖励资金来自于各合同段的 102 - 6 优质工程价款,其数额为各合同段工程量清单第 200 章至 700 章合计金额的 2%报价,且不因工程变更而发生增减。承包商激励资金使用原则:

(1)"优质优价"价款的使用应体现"优质"才有"优价",只有工程质量达到优质的前提下,才能获得"优质优价"奖励。

(2)施工过程中各合同段已兑现的奖金,在最终竣工验收时如该合同段整体工程未获得优良的,业主将全额予以扣回已发放的奖金。

(3)"优质优价"价款的使用仅限于工程质量(含临建)考核评比。

### 6.1.2  激励考核机制

建设过程对施工单位的考核评比,主要是对实体工程质量进行评比。其中 5%用于分项工程质量评比,由各管理处监理每季度检查评比确定奖励金额;35%用于由广乐公司每半年度组织的质量综合检查考核奖励;15%用于标杆工程考核评比奖励。评比准入条件:

(1)质量管理行为准入制度。由各管理处对承包人质量管理行为进行评分,只有评分 80 分(含)以上的合同段才可参加当次实体工程质量评比,否则取消当次评比资格。

(2)评比期间出现重大质量事故、有意偷工减料或发生安全责任事故的不能参加当期的所有实体工程质量评比。

评比项目及奖金参考额度上限:临建工程标准化达标及评比奖励(0.1%)、实体工程质量评比(1.5%)、省监督站综合检查评比(0.2%)、交工验收奖(0.2%),见图 6-1,6-2,6-3。

1. 临建工程标准化奖励(0.1%)

招标文件中规定的项目经理部驻地建设、预制(拌合)场地建设、钢筋加工厂地建设、隧道洞口建设、临时施工便道等内容按标准化建设,其建设费用视为在合同价中已作考虑。临建工程标准化达标及评比奖励金额按省交通运输厅标杆工程要求分为六部分内容,分别进行考核奖励:其中项目驻地占 10%,工地试验室占 10%,拌合站占 25%,钢筋加工厂占 20%,预制场占 25%,隧道洞口建设及临时施工便道共占 10%,如若某合同段无预制场设置,本项奖励将按比例摊分至拌合站和钢筋加工厂建设。各合同段各分项临建工程完成后经管理处考核认为标准化建设达标的,按上述比例分别予以奖励。

2. 分项工程质量评比(0.75%)

分项工程项目质量评比由各管理处会同总监办每季度组织一次,分项工程项目的设定以利于质量评比和工程覆盖面广为原则,暂定如下:软基处理、路基填筑、边坡防护、桩基础、桥墩立柱、盖梁、预制梁板、现浇箱梁、悬浇梁、支座及梁板安装、桥面铺装、防撞墙、涵洞工程、隧道开挖及初支、二衬及排水、明洞工程等。

3. 广乐公司组织的半年度质量综合检查(0.525%)

广乐公司组织的半年度质量综合检查主要参考省质监站质量监督综合检查评比办法,重点抽检路基工程中的压实度、分层厚度,软基处理的厚度、间距和深度,桥涵工程中的砼强度、钢筋数量、钢筋间距、砼保护层厚度,隧道工程中的二衬砼强度、初支砼厚度、拱架、二衬钢筋数量、拱架、二衬钢筋间距、二衬砼厚度、锚杆间距和长度、防水板焊接宽度及原材料中的钢筋、水泥、砂石材料、土工材料、支座、锚具等,以上抽检工作由广乐公司每半年会同管理处组织业主第三方检测中心、监理进行。综合检查评比完成后,广乐公司将根据各标段综合得分予以奖励。

| 奖励对象 | 施工单位 |
| --- | --- |

| 考核评比方法 | 项目驻地占10%，工地试验室占10%，拌合站占25%，钢筋加工厂占20%，预制场占25%，隧道洞口建设及临时施工便道洞共占10% | 单位工程项目得分(P)=(分项工程实体N1+N2+…)/分项工程数量N 单位工程质量优良价款(M)=该单位工程项目的当前产值(A)×0.75%×(P/100) | 根据半年度综合质量检查考核评分标准得出各单位工程得分各合同段质量考核得分按照一定比例加权平均根据标段得分所属分段发放该期的优质工程价款 | 交工验收综合评分在93分以上的合同段获得本项资金，否则不获提本项奖金 | 承包人名列全省前5名，获得本项奖励额的25%(4次检查共100%);6至10名的，获得20%；排名在后10名(含倒数第10名)的，罚20万元，并不予支付本期本奖金 | 各合同段根据标段内的实际情况自行申报，由广乐公司管理处考核并同意树为标杆工程的即奖励本项资金的50%，剩余经广乐公司考核后决定具体奖励金额，其中被省交通厅评为标杆工程的每个奖励10万元 |
| --- | --- | --- | --- | --- | --- | --- |

| "优质优价"评比内容 | 临建工程标准化达标及评比奖励(0.1%) | 分项工程质量评比(0.75%) | 广乐公司组织的半年度质量综合检查(0.525%) | 交工验收奖(0.2%) | 省监督站综合检查评比(0.2%) | 标杆工程奖励(0.225%) |
| --- | --- | --- | --- | --- | --- | --- |

| 检查单位 | 各管理处 | 广乐公司 | 省监督站 | 管理处、广乐公司和省交通厅 |
| --- | --- | --- | --- | --- |

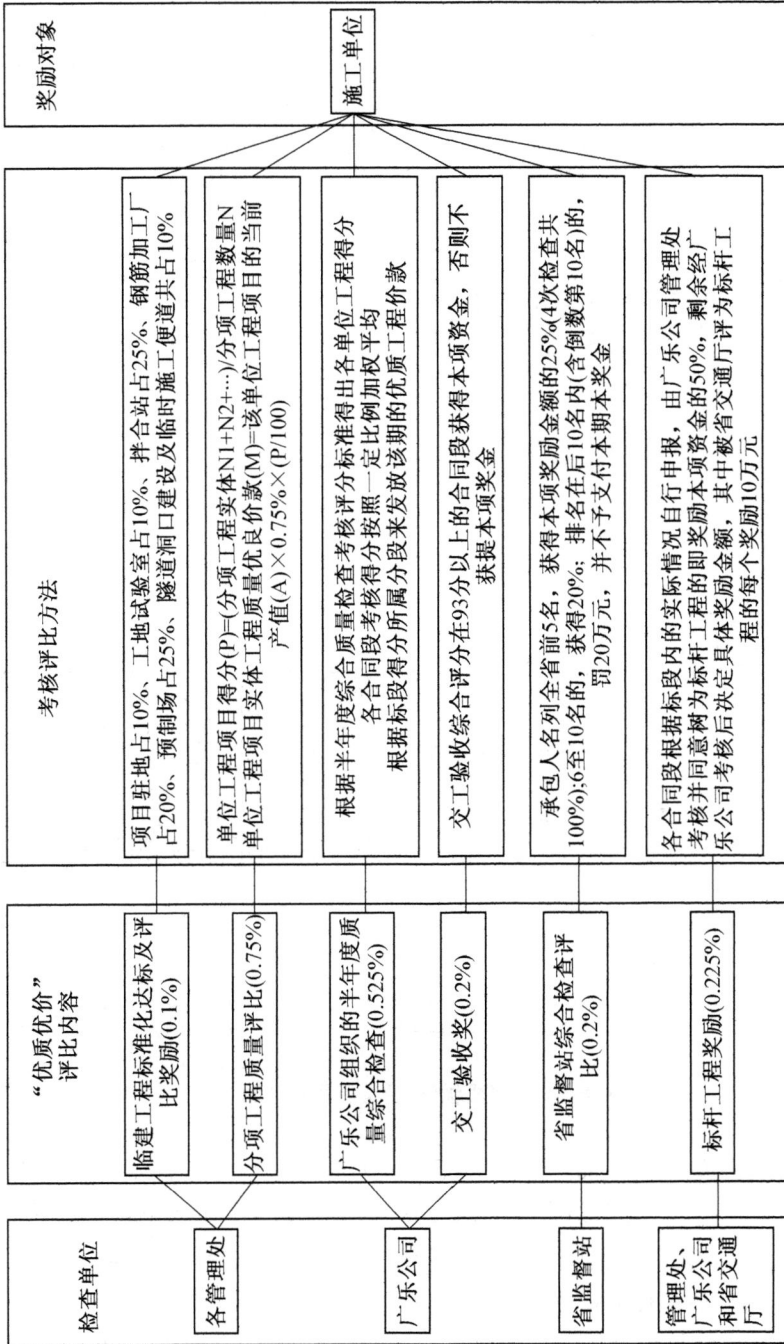

图 6-1　"优质优价"评选示意图

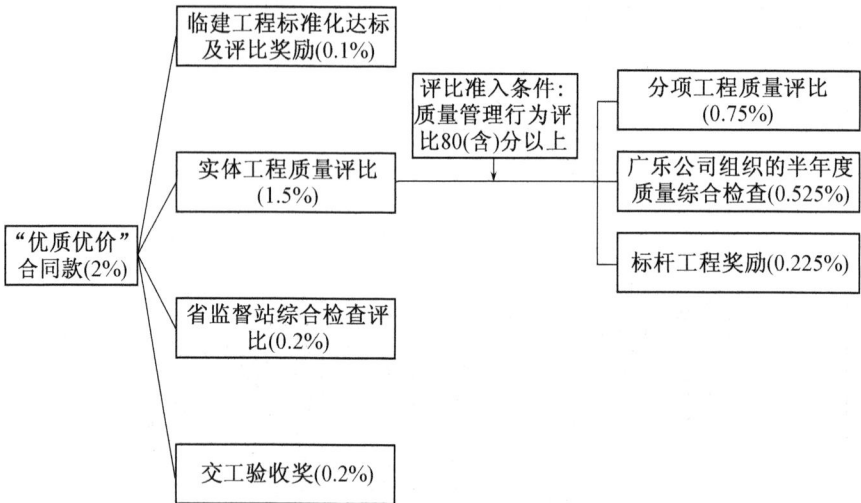

图 6-2  "优质优价"评选流程示意图 1

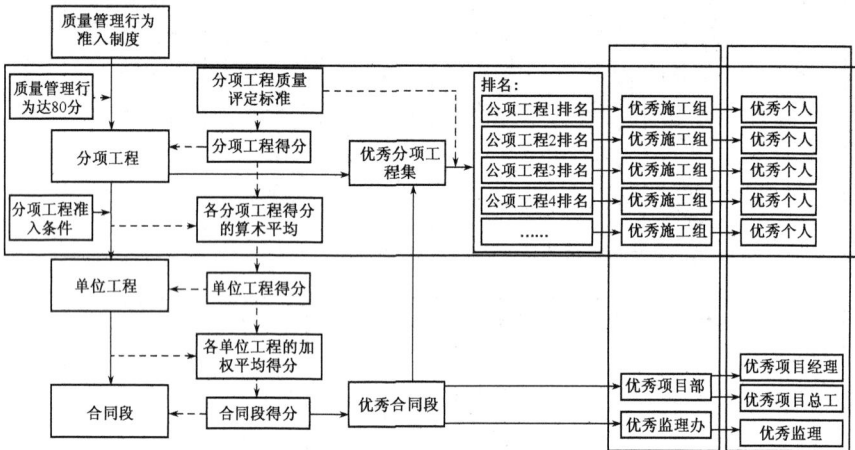

图 6-3  "优质优价"评选流程示意图 2

4. 交工验收优质奖(0.2%)

项目交工时,交工验收综合评分在 93 分以上的合同段将获得本项奖金,交工验收综合评分在 93 分以下的合同段将不再获提本项奖金。

5. 省监督站综合检查评比奖(0.2%)

在省监督站每年两次的监督检查评比中,承包人名次列全省前 5 名内的,每名每次奖励本项奖励金额的 25%;排名 6—10 名的,每名每次奖励本项奖励金额的 20%;排名在后 10 名内(含倒数第 10 名)的,每名每次除罚款 20 万元外,同时本期本项奖金也不予以支付。对于在省监督站上半年监督检查评比未被抽中的合同段的该项奖金将按本合同段该年度第一季度实体工程质量评比中分项工程质量评比得分比例计算;对于在省监督站下半年监督检查评比未被抽中的合同段的该项奖金将按本合同段该年度第三季度实体工程质量评比中分项工程质量评比得分比例计算。

6. 标杆工程奖励(0.225%)

标杆工程奖励用于各合同段对以下工程项目申请并考核通过的标杆工程:

路基工程:不少于 500 m 以上的路基工程,包含路基土石方、边坡防护、排水工程、中小桥及涵洞(通道)等工程。

桥梁工程:一座特大桥或大桥,含桥梁桩基、墩柱、盖梁、上部构造等工程。

隧道工程:一个隧道的单洞总体工程,含洞口建设及洞内的隧道开挖、开挖及初支、二衬及排水、明洞工程等。

大型高边坡防护工程:一座边坡连续长度约 300 m,边坡高度大于 40 m 的边坡开挖、防护、排水、绿化等工程。

以上标杆工程由各合同段根据标段内的实际情况自行申报(原则上每个合同段必须申报一项以上标杆工程),由广乐公司管理处考核并同意树为标杆工程后的奖励金额的 5%,剩余奖励金额经广乐公司考核后决定具体奖励金额。其中被省交通运输厅评为标杆工程的工程项目,每个奖励 10 万元。

## 6.2　监理单位激励

### 6.2.1　激励资金来源

广乐公司另从项目概算中提取监理中标价的 1.5% 作为优监优酬奖金;同时监理中标单位在保持中标总价不变的原则下,在中标价中提取中标价的 1.5% 作为优监优酬罚金,合计为中标价的 3% 作为优监优酬奖罚金。资金使用原则:

①"优监优酬"价款的使用应体现"优监"才有"优酬",只有监理工作达

到优秀的情况下,才能获得优酬价款;

② 广乐公司根据省质量监督站全省质量监督综合检查评比中监理的表现对监理单位进行奖励或处罚;

③ 对监理单位的奖励应直接用于现场监理人员。

### 6.2.2 激励考核机制

优监优酬评比考核机制见图 6-4。

优监优酬处罚:用于全省质量监督综合检查评比中,监理排名后 3 名或所监施工单位排名(只要出现一个)后 5 名的,每次按监理中标价的 0.5% 在中标价中进行扣罚,同时广乐公司另从项目概算中提取的中标价 1.5% 的优监优酬奖金也相应减少 0.5%(若监理和所监理施工单位排名同时出现以上情况,只按一次计算不累加),最多不超过优监优酬奖罚金总额。

优监优酬奖励:用于全省质量监督综合检查评比中,监理排名前 3 名或所监施工单位排名(只要出现一个)前 5 名的,每次按监理中标价的 1%(其中 0.5% 来自广乐公司另从项目概算中提取,另 0.5% 来自监理中标单位在保持中标总价不变的原则下,在中标价中提取)从优监优酬奖罚金中进行奖励(若监理和所监理施工单位排名同时出现以上情况,只按一次计算不累加),最多不超过优监优酬奖罚金总额。若同时出现第 1 条情况,本条自动失效。

上述奖金不少于 50% 应用于奖励现场监理人员,奖励办法由监理单位制定并由报发包人批准后实施。

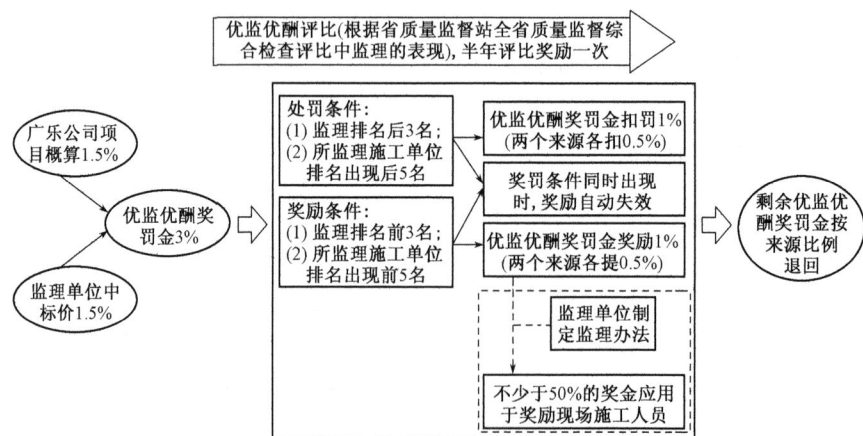

**图 6-4 优监优酬评比示意图**

## 6.3 参建者激励

为了激励工程承办单位,广乐高速公路规划和实施了劳动竞赛,从劳动竞赛中选择优秀的承包商、一线参建者进行奖励。

### 6.3.1 总体规划

1. 竞赛原则

为了激励工程承办单位,广乐高速公路规划激励考核机制,采用劳动竞赛的方式选择优秀的参建单位进行奖励。劳动竞赛基本原则如下:

原则一:安全第一、质量至上。通过劳动竞赛保障工程建设安全,全面提升工程质量,劳动竞赛期间进度服从安全和质量要求。

原则二:竞赛在基层、奖励到一线。广乐高速公路是广大参建人员辛勤劳动的结晶,广乐公司崇尚劳动、尊重科学、勇于跨越,劳动竞赛对评定的优秀参建单位、优秀施工班组和优秀个人予以奖励,特别奖励施工班组,以调动和激发一线施工工人积极性,感谢、感恩他们的辛勤付出。

原则三:全面部署、统筹安排。劳动竞赛进行顶层设计、总体规划、突出重点、主题鲜明。竞赛评比活动结合广乐高速公路半年度质量综合检查评比、管理处日常月度检查评比、平安工地创建活动评比等活动进行,保证活动落到实处。

原则四:长赛不断线、短赛攻关键。工程建设期间实行"全过程、全人员、全方位"劳动竞赛。劳动竞赛结合不同时期、不同工作重点和难点,开展各具特色的劳动竞赛活动。针对阶段性目标,积极开展单项竞赛活动,用阶段性的劳动竞赛成果来保证总体目标的实现。

2. 总体规划

广乐高速公路项目劳动竞赛主题"争先创优",宗旨"安全第一、质量至上,全面提升工程质量,创精品工程";工程实行"全过程、全人员、全方位"的劳动竞赛;贯穿劳动竞赛过程举行"我为先锋、创一流业绩、建精品工程"为主题的系列施工工人专业技能大赛。

全过程是指从工程开工到工程通车的时间内,全线开展劳动竞赛,参赛单位的评优采用综合评分法。

全人员是指施工单位、监理单位、物流单位、检测机构、咨询单位和项目业主等项目干系人参与劳动竞赛活动,劳动竞赛着力调动施工一线人员的参与积极性。

全方位是指劳动竞赛既包括专项劳动竞赛,又包括关键工程和形象工程的推进,还包括提高工程建设质量的主题劳动竞赛。

劳动竞赛紧密围绕"双标准(标准化和标杆)"和"六比六创"展开,劳动竞赛期间贯穿专业技能大赛。"争先创优"劳动竞赛包括两个方面:一是专项劳动竞赛;二是百日大赛。整个劳动竞赛以专业技能大赛为中心轴线。

广乐高速公路项目劳动竞赛总体规划见图6-5。

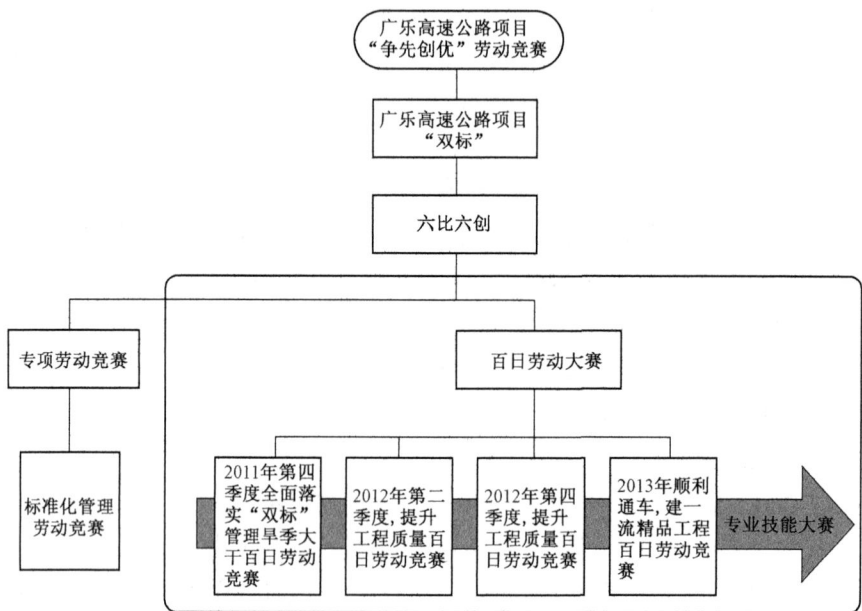

图6-5 广乐高速公路项目劳动竞赛总体规划示意图

3. 管理组织

广乐高速公路项目激励考核实行"统一领导、分类考核、集中评比"的组织管理机制,见图6-6。

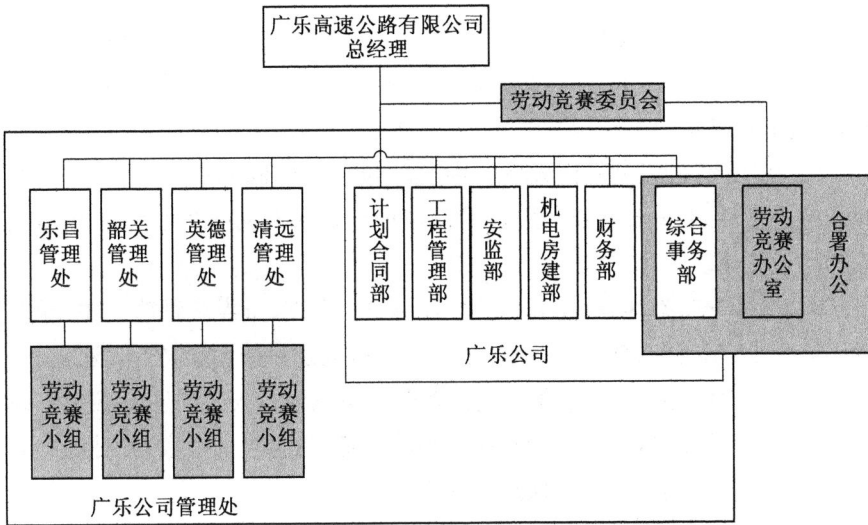

图 6-6　广乐高速公路项目激励考核组织示意图

广乐高速公路项目部成立劳动竞赛委员会,劳动竞赛委员会下设劳动竞赛办公室,劳动竞赛办公室与综合事务部合署办公。乐昌管理处、韶关管理处、英德管理处和清远管理处分别成立劳动竞赛小组。管理处劳动竞赛小组和管理处综合事务部合署办公。

劳动竞赛决策与领导小组——劳动竞赛委员会;

劳动竞赛日常组织机构——劳动竞赛办公室;

劳动竞赛执行机构——劳动竞赛小组;

劳动竞赛监控机构——劳动竞赛办公室及各劳动竞赛小组;

劳动竞赛考评机构——劳动竞赛委员会。

劳动竞赛委员会由广乐高速公路有限公司总经理、党总支书记、分管副总及管理处主任组成。劳动竞赛委员会是广乐高速公路项目劳动竞赛最高决策机构,委员会依据批准的工程建设目标和工程建设工期,结合工程施工特点和难度,批准劳动竞赛总体实施计划及其调整方案。

### 6.3.2　主要内容

劳动竞赛紧密围绕"双标(标准化和标杆)"和"六比六创"展开,劳动竞赛期间贯穿专业技能大赛。"六比六创"即:

① 比安全生产,创平安工地。参赛单位建立健全安全管理体系,提高

安全管理水平,创平安工地。

②比工程质量,创精品工程。参赛单位建立健全质量管理体系,严格执行质量有关规程规范,实施"科学化、规范化、精细化"质量管理,提高工程质量,建精品工程。

③比工程进度,创一流效率。参赛单位根据合同要求,严格按照经过批准的进度计划,确保年度、季度、月度建设计划和形象进度的完成,创造高效的建设效率。

④比科技攻关,创科技工程。参赛单位在重点、难点工程施工中,积极采用新技术、新工艺、新材料、新设备、新工法,通过科技创新,创科技工程。

⑤比文明施工,创标准化工地。参赛单位以建设安全文明标准化工地为载体,加大现场管理力度,做到施工道路畅通,材料堆放整齐,各种标志齐全,施工现场井然有序,环境保护工作良好。

⑥比廉政建设,创和谐工程。加强党风廉政建设,以人为本,做社会公民,创和谐工程。

### 6.3.3 流程与制度(图6-7)

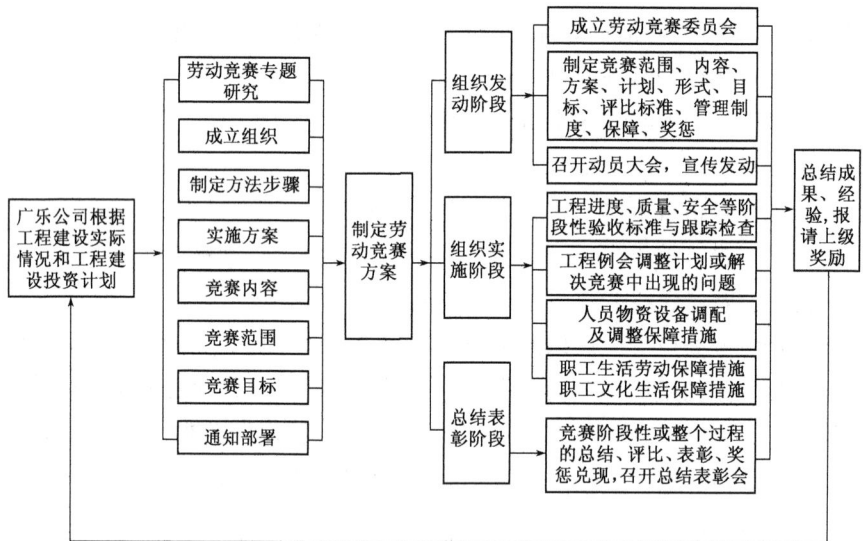

**图6-7 广乐高速公路劳动竞赛流程图**

每个劳动竞赛项目制定相应的实施方案,劳动竞赛实施方案内容包括:

①　劳动竞赛目标；

②　劳动竞赛内容；

③　劳动竞赛参赛范围；

④　劳动竞赛时间安排；

⑤　劳动竞赛评比方法；

⑥　劳动竞赛表彰奖励等。

### 6.3.4　奖励与表彰

广乐高速公路劳动竞赛委员会根据评选结果，按照优中选优的原则，对劳动竞赛期间的优秀参建单位和优秀个人进行奖励和表彰。奖励方式采取物质奖励和精神鼓励相结合的方式。

奖金来源。劳动竞赛奖金来源及奖金总额：暂定按 200—900 章投标报价的 0.5％计提（合同外经费）作为劳动竞赛奖金。

劳动竞赛表彰。劳动竞赛委员会在劳动竞赛结束召开表彰大会，表彰优秀参建单位、优秀班组和优秀个人。在优秀班组推选"专家技能能手"；在优秀个人中进一步推选劳动模范，分别授予荣誉称号，颁发奖牌和荣誉证书；除集中表彰外，广乐公司给予优秀参建单位和优秀个人一定的奖金，奖金金额由广乐高速公路劳动竞赛委员会根据不同阶段劳动竞赛项目另外确定。

劳动竞赛过程中事迹特别突出者，符合清远市、韶关市、广州市劳模条件的由劳动竞赛委员会分别向清远市、韶关市和广州市工会申报市劳动模范奖章；符合广东省省部级劳模的，由广乐竞赛委员会逐级向广东省推荐。

## 6.4　考核激励案例

### 6.4.1　概述

2011 年度落实"双标"管理旱季大干百日劳动竞赛实施方案。2011 年旱季大干百日劳动竞赛参赛对象为广乐高速公路项目参建单位和参建个人，包括施工单位、监理单位及其他项目干系人（包括材料供应商、设计单位、工程检测单位等），参赛范围见图 6 - 8。旱季大干百日劳动竞赛评选优秀项目部，同时评选优秀施工班组、优秀工艺创新班组及优秀个人。竞赛评比范围见表 6-1。

广乐高速公路30个合同段综合得分排名

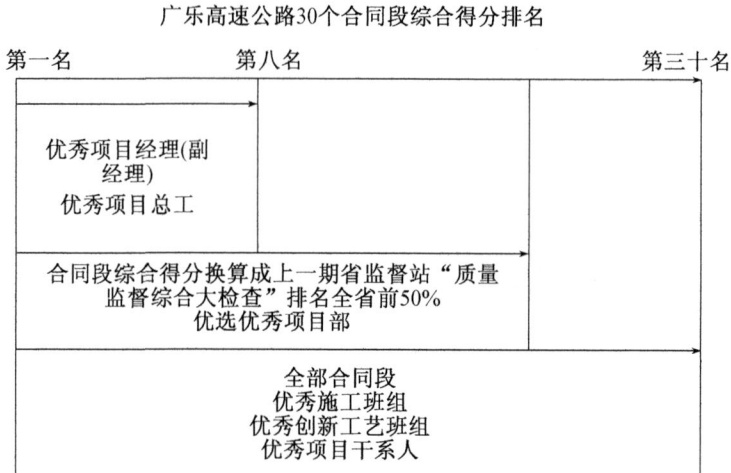

图 6-8　广乐高速公路 2011 年旱季大干百日参赛范围

表 6-1　旱季大干百日劳动竞赛评比范围

| 参赛单位 | 优秀单位优秀个人 | 参选条件 | 评比方式 |
|---|---|---|---|
| 施工单位 | 优秀项目部 | 合同段综合得分换算成上一期省监督站"质量监督综合大检查"排名全省前 50% | 广乐公司劳动竞赛委员会依据"六比六创"评选 |
| 施工单位监理单位其他项目干系人(设计单位、材料供应单位、检测单位等) | 优秀施工班组 | 全部合同段 | 三层组织优选,即参建单位报名,管理处劳动竞赛小组遴选,广乐公司劳动竞赛委员会评选 |
| | 优秀工艺创新班组 | | |
| | 优秀项目(副)经理优秀总工 | 合同段排名前八名 | |
| | 优秀项目总监 | 省质量监督站全省质量监督综合检查监理排名广乐公司第一 | |
| | 优秀项目监理人员 | 合同段排名前八名总监办所监理合同段得分算术平均值排名第一、二名 | |
| | 优秀项目干系人 | 项目参建者(办法另行颁布) | |

### 6.4.2　优秀工程评比办法

1. **考核评比先决条件**

劳动竞赛评比实行安全、质量、"平安工地"建设目标"一票否决制"，即安全、质量、"平安工地"建设活动考核任何一项不达标者，除按合同条款规定进行处罚外，将不予进行考核评比奖励，同时配以工程质量、工程进度、科技攻关和廉政建设指标。具体指标包括：

安全指标：劳动竞赛期间无安全生产责任事故；

质量指标：劳动竞赛期间无重大质量事故。每半年全省质量监督综合检查中，施工单位排名不出现在后 5 名；质量管理行为 80 分以上；单位工程评分 85 分以上；

平安工地指标：每季度通过"平安工地"建设考核达标；

进度指标：季度工程进度完成率 85% 以上；

廉政建设：存在商业贿赂行为等腐败问题，即取消参评资格。

2. **优秀合同段"六比六创"考核评比方法**

合同段考核依据"六比六创"进行考核评比，具体内容见表 6-2。

表 6-2　合同段"六比六创"考核评选方法

| 考核项 | 工程质量 | 安全管理与文明施工 | 工程进度 | 科技攻关 |
|---|---|---|---|---|
| 权重 | 50% | 30% | 20% | |
| 单项总分值 | 100 | 100 | 100 | 1—5 分 |
| 考核分 | A | B | C | D |
| 综合得分＝A×50%＋B×30%＋C×20%＋D | | | | |

其中：科技攻关是合同段考核评比的加分项，如果项目部有科技攻关内容，则项目部自行申报，经管理处劳动竞赛小组和广乐公司劳动竞赛委员会审核、遴选，最终确定所加分值，科技攻关最高分为 5 分。

廉政建设为考评比先决条件，如参赛单位和参赛个人存在商业贿赂行为等腐败问题，即取消参评资格。

3. **实体工程质量考核评选比方法**

实体工程质量评比实行质量管理行为准入条件，即质量管理行为评分≥80 分合同段才可参加当次劳动竞赛实体工程质量评比，否则取消当次评比资格(合同段质量管理行为评分表见附表1)。管理处劳动竞赛委员会会同相关人员对合同段进行质量管理行为评分。实体工程质量考核评比流程见图6-9。

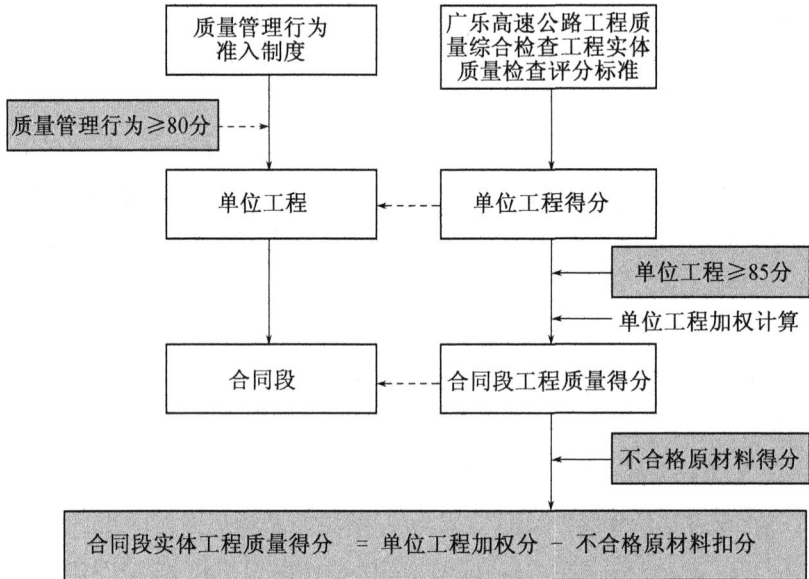

**图6-9 广乐高速公路实体工程质量检查评分流程图**

第一步:劳动竞赛委员会组织评分合同段质量管理行为得分,如果质量行为≥80分,则劳动竞赛委员会组织抽样检查单位工程实体质量。

第二步:广乐公司劳动竞赛委员会抽样单位工程实体质量、单位工程质量检查评比指标进行考核评比评分。具体考核指标参照附表2。单位工程抽样原则为各标段小桥、涵洞工程抽查不少于3—5座,大桥抽查不少于1座,特大桥及隧道工程必检,路基工程质量检查抽查不少于3处。

第三步:各合同段工程实体质量评分得分为各单位工程项目按附表3比例加权得分(单位工程比例根据路基工程、桥涵工程、隧道工程的比例及路基的长度等因素综合考虑)。

第四步:考虑原材料合格情况,对实体工程质量进行综合评定,合同段实体工程质量综合得分。

合同段实体工程质量综合得分=单位工程加权分-不合格原材料扣分

4. 工程进度考核评比方法

劳动竞赛期间工程进度考核评比先决条件：

安全、质量和"平安工地"一票否决制，且劳动竞赛期间，工程进度完成率≥85％，即施工单位只有在得到合同里进度奖后才可进行优秀合同段进度考核评比。工程进度考核评比方法见表 6‑3。

工程进度综合得分＝工程进度完成率×80％＋关键工程形象进度×20％

**表 6‑3　工程进度完成率考核评比表**

| 考核项 | 工程进度完成率 | 关键工程形象进度 |
|---|---|---|
| 权重 | 80％ | 20％ |
| 单项总分值 | 100 | 100 |
| 考核分 | A<br>如工程进度完成率≥100 时，A＝100<br>如工程进度完成率＜85％时，A＝0 | B<br>如完成关键工程形象进度，B＝100<br>如未完成关键工程形象进度，B＝0 |

工程进度综合得分＝80％×A＋20％×B

当某合同段工程进度完成率为 X 时，则其所对应的工程进度率得分 A 为：

$A＝60＋(X－85％)/(100％－85％)×40＝60＋(X－85％)/(15％)×40$（见图 6‑10）

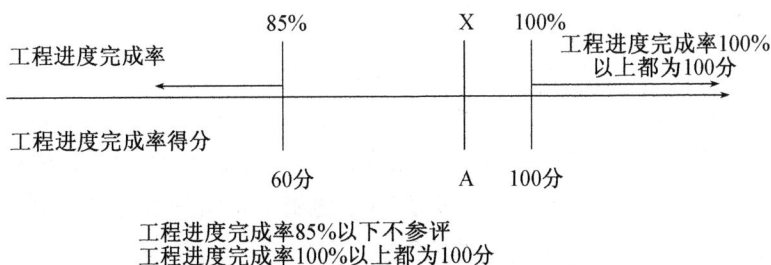

工程进度完成率85%以下不参评
工程进度完成率100%以上都为100分

**图 6‑10　工程进度完成率评分示意图**

5. 安全管理与文明施工考核评选方法

依据广东省交通运输厅《公路工程"平安工地"建设考核评分表》对工程建设过程中的安全管理与文明施工进行考核评比，将"六比六创"中安全管理与文明施工考核内容进行一并考核。

安全管理与文明施工综合得分 $T=$ 安全管理行为 $\times 50\%+$ 施工现场 $\times 50\%$

$$T = \left(\sum Dn / \sum En\right) \times 100$$

其中：$D$ 为合同段施工现场所查内容实际得分，$E$ 为合同段施工现场所查内容标准分。

6. 科技攻关考核评比办法

科技攻关加分适用以下情况：

(1) 在重点、难点分项工程和单位工程中，能积极采用新技术、新工艺、新材料和新设备进行科技攻关，并取得显著效益的；

(2) 积极组织一线施工工人提合理化建议，合理化建议在标段里推广应用并取得成效的；

(3) 获省、部级先进工法的；

(4) 获施工单位先进工法的；

(5) 其他科技攻关活动。其中科技攻关加分程序：

施工单位自行申报——管理处劳动竞赛小组审核和遴选——劳动竞赛委员会确定加分值。

7. 廉政建设考核评选办法

廉政建设为劳动竞赛考核评比的先决条件，如存在商业贿赂行为等腐败问题，即取消参评资格。

### 6.4.3 优秀施工班组考核评选办法

每月 3 日前，合同段申报上月参赛施工班组名单、班组成员及班组种类；每月 5 日前，总监办对上月施工班组进行筛选；每月 10 日前，管理处劳动竞赛小组对上月施工班组进行考核评比，考核结果上报广乐公司劳动竞赛委员会，广乐公司劳动竞赛委员会对参赛施工班组进行总量控制；每月 10 日前，劳动竞赛委员会对上月优秀施工班组进行奖励。

劳动竞赛期间，根据施工工人的工作成效，劳动竞赛委员会在优秀施工班组中推选一线优秀施工工人，连续两次获得优秀施工班组的施工工人参与评选"一线优秀施工工人"，成绩突出者授予"专家技能能手"称号，并于本次劳动竞赛结束后进行集中表彰。考核评比流程见图 6-11。

```
┌─────────────────────────────────┐
│ 第一阶段:报名。每月3日前,合同段申报上月 │
│ 参赛施工班组名单、成员及班组种类         │
└─────────────────────────────────┘
                    │
┌──────────────────┐ │
│ 优秀施工班组准入制度 │◄┤
└──────────────────┘ │
                    ▼
┌─────────────────────────────────┐
│ 第二阶段:淘汰。每月5日前,总监办对上月    │
│ 参赛施工班组进行筛选                   │
└─────────────────────────────────┘
                    │
                    ▼
┌─────────────────────────────────┐
│ 第三阶段:评比。每月10日前,管理处劳动竞赛小 │
│ 组对上月施工班组进行评比,考核结果上报广乐  │
│ 公司劳动竞赛委员会,劳动竞赛委员会对优秀施   │
│ 工班组进行总量控制                    │
└─────────────────────────────────┘
                    │
                    ▼
┌─────────────────────────────────┐
│ 第四阶段:奖励。每月10日,劳动竞赛委员会    │
│ 奖励上月优秀施工班组                   │
└─────────────────────────────────┘
                    │
┌──────────────────┐ │
│ 结合施工班组个人表现 │◄┤
└──────────────────┘ │
                    ▼
┌─────────────────────────────────┐
│ 第五阶段:表彰。连续两次被评选为优秀施工    │
│ 班组的施工工人,可以参与评选"一线优秀施     │
│ 工人员",成绩突出者授予"专家技能能手"      │
│ 称号,本次劳动竞赛结束后给予表彰          │
└─────────────────────────────────┘
```

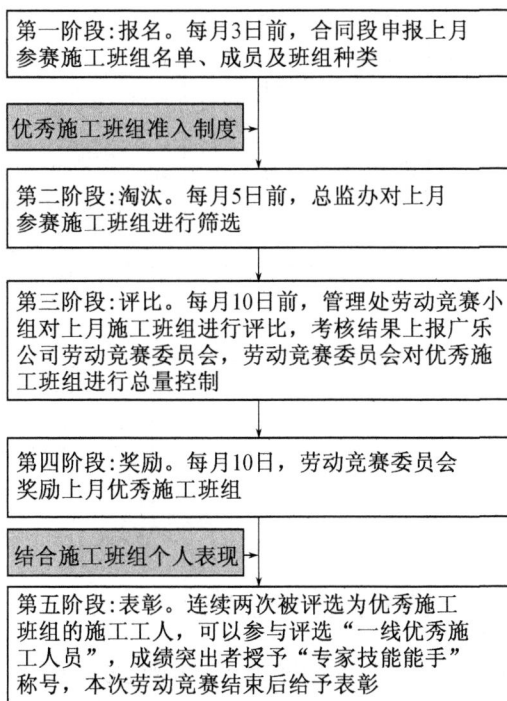

**图 6-11　广乐高速公路优秀施工班组劳动竞赛考核评比流程图**

### 6.4.4　优秀个人考核评比办法

优秀个人包括:优秀项目经理(或副经理)、优秀项目总工、优秀总监、优秀项目监理人员及其他优秀项目干系人。优秀个人评选方式见图 6-12。

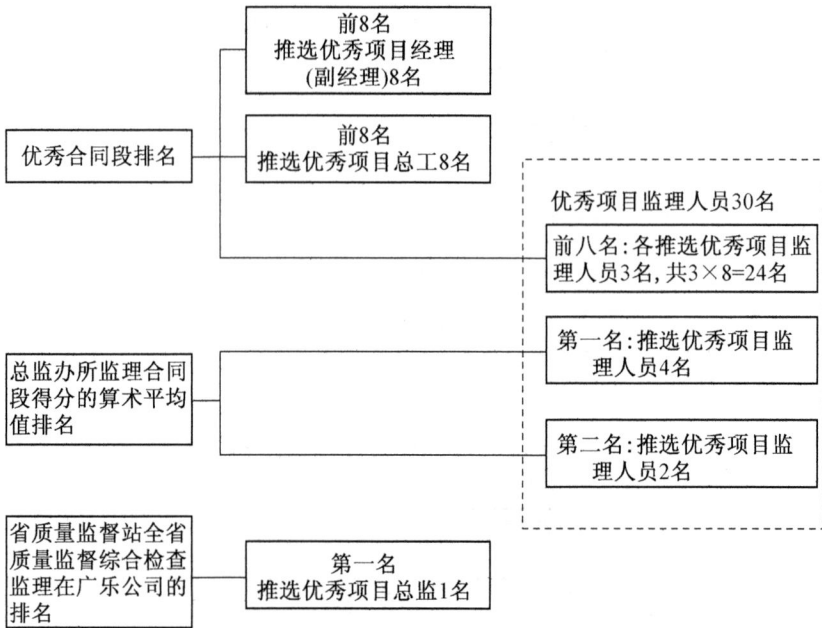

图 6-12　广乐高速公路优秀个人评选方式示意图

# 第二篇 大型工程柔性组织管理理论

工程是人类为了达到某种需求和目标,根据相关的技术或原理,利用资源进行的,以造物为核心内容的实践活动。而大型工程通常是由国家作为投资主体,工程的投资额大、技术先进、建设周期长、消耗资源多、涉及面广,对社会经济、环境生态和历史文化影响久远,其建设对社会经济发展与科学进步有着重要的促进作用。由于周期长、专业任务不同、环境差别大,大型工程不同阶段的组织模式和结构差别也大,组织具有明显的动态性,同时又具有时效性,组织内的某些关系只会存在一段时间,并随着工程的进度发展不断变化,比如合作关系、项目操作关系等。在这些关系存在的基础上,组织形成随时间推移不断演化发展成动态组织结构,组织中的流程也应适应工程组织的柔性而变化。而要实现这一点,不宜仅仅依据工程的刚性物流结构固化一种工程建设管理组织形式,同时,也不宜设计一种被固定的流程、文化系统,也就是要设计面向大型工程复杂性与工程演化过程的工程柔性组织,并实施集成管理。

在大型工程项目管理的过程中,项目组织结构问题及其运作极为重要。在传统工程项目的管理中,组织结构是以分工与协作为基础的,项目的各参与方因工作目标及范围不同而承担项目中不同的责任,从而构成多层纵向组织模式。由于项目各参与方有着各自的信息系统和工作平台,信息的传递受到严重制约,同时因项目的分工,各方都只顾自身利益,组织协调的难度也增大。目前,大型工程项目组织结构还是以金字塔式最为常见。金字塔式结构强调分工与集权,上下分级,保证上级命令得以执行和信息得以传递。然而,大型工程项目中参与方多、技术复杂、环境易变,采用金字塔式的组织结构容易导致组织规模变得庞大,管理层次多而复杂,这必会影响信息在组织中传递的速度和准确度,容易失真。广乐高速公路采取了柔性动态组织,在一定程度上帮助解决了项目组织结构方面的问题,实践的尝试和创新取得了良好的成效,值得理论上加以研究和提升。

# 第7章 大型工程柔性组织与柔性管理

## 7.1 柔性与工程柔性

### 7.1.1 柔性

在韦氏大字典中,柔性是指系统在面对变化或新的情况时的反应能力。Slack(1987)提出了柔性的定义,他认为柔性是系统能够适应的情形变化的范围和跨度,前提是让系统保持正常运作,同时柔性是系统在状态发生改变时所要花的时间和成本。评价系统的柔性可以从系统的时间、成本和范畴三个角度来进行,但是一个企业的柔性能够从多种方面反映出来。Volberda(1998)分析了组织柔性的特点,他认为组织柔性是组织的管理水平的强弱程度和促发各种能力的效率,柔性程度高的组织,其高层管理者通常能够以非常快的速度,以及正确的方式应对环境的突变,而组织本身也能够及时作出具有指导作用的反应决定。马小明和杜娟(2008)针对安全系统而言,认为柔性是系统对突发的、未预料到的事件做出反应并以最低的消耗,迅速恢复到正常运行状态的一种特性,柔性是系统对外界变化或威胁做出反应的性质,也可理解为能够迅速从故障、变化、事故中恢复的能力。在组织管理中,柔性指的是企业面对市场需求变化时的快速反应,对科技的快速适应,在竞争与低迷的市场中快速恢复的能力。评价组织柔性的指标有很多,应对市场多变需求而改变产品的产出水平的数量柔性,产品生命周期短而需要不断改进及生产新产品的新产品柔性,等等。组织的柔性对组织管理非常重要,增加组织系统的柔性能够有效提高组织的运作绩效。

从不同的研究者的研究成果可以看出,柔性存在于不同的系统之中,例如上文提到的企业系统、管理组织系统、安全系统和组织系统,是系统的一个显著特征。系统柔性存在的前提是系统面临着一系列的"不确定性",系统柔性就是系统面临不确定性和变化时所应该具备的能力,柔性管理则是通过制定战略、战术、运作等多个层面的策略,以提高系统柔性的决策过程。

基于以上分析,结合本课题研究内容,本文给出柔性的内涵,柔性有两层含义:其一是用时间表示的响应速度,表示系统受到外部环境刺激后,做出反应和应对措施所需要的时间,时间越短,柔性越好,表明系统越敏捷;其二是系统的一种适应能力,当环境发生变化时,系统柔性可用适应性产品或服务可选种类来表示,当系统能提供的产品或服务的种类越多,表明系统的柔性越好。由此可见,柔性的本质是指一个系统面对外部刺激(环境变化)或环境不稳定时能迅速做出的反应,并产生应对措施的能力,拥有这种能力的组织就是柔性组织,能力越强,其柔性越好,适应性和竞争优势越强。

### 7.1.2　工程柔性

任何一个工程都是一个系统,工程这种系统在运作过程中会面临内外部环境的动态性、复杂性和不可预测性,若要在复杂多变的环境下实现工程项目的时间、工期、质量、风险等诸多目标,工程系统必须具有一定的柔性。Husby 等(1999)把工程项目的柔性定义为:在整个工程项目实施过程中为达到工程预期结果所需的不确定环境情况下的调整能力。工程变更就是工程柔性特征的最直接表现。在工程管理实践中,为了适应外界环境的变化,在必要的情况下对工程原有计划和方案进行变更,工程变更既可以是对产品及其组件的形态、安装、材料、尺寸和功能等所做的修改,也可以是简单的对文档的订正,还可以是复杂的对产品设计和制造全过程的重新设计。

工程柔性本质是系统对外界环境适应性的体现,当外界环境或需求发生变化时,工程系统需要有较强的适应性才能够保障顺利完工。由于工程建设所能够供应的资源是有限的,当施工成本高于一定的限额,业主或建设方就丧失了继续投资的能力,同样施工的时间、施工的风险也都必须控制在一定的范围之内。因此如何利用有限的资源,更快地解决工程建设过程中的问题,更好地实现工程建设的目标,对工程建设而言极其重要。工程组织主体之间的沟通和协调能力,主体之间的信息传递效率,主体之间的资源共享效率等都对工程柔性极为重要,工程变更、工程冲突、工程风险等问题解决的时效性和实施效果往往受到工程组织柔性管理的影响。如何通过工程组织的协调运作,高效率地解决工程建设过程中的困难和问题,保证工程建设目标在可控范围之内,是工程组织柔性管理的目标。

## 7.2　柔性组织与大型工程柔性组织

### 7.2.1　柔性组织

柔性组织是指与内外环境相适应的,具有不断适应环境和自我调整能力的组织。柔性组织无论是在管理体制上,还是在机构的设置上都具有较大的灵活性。组织柔性是指为了适应环境的动态性,组织以最小的时间、成本、精力代价和业绩损失对环境变化做出调整或反击的能力。柔性组织一般是通过采取权力的适度分散、鼓励学习与创新活动等措施,迅速适应环境变化,使组织实现可持续发展。在战略层次上,柔性主要展示为组织面临不断变化的环境所表现出的适应性、快速防御风险的能力和利用机会的能力。

柔性组织是动态环境条件下系统的战略选择,随着市场环境的变化,高新技术应用普及,信息技术的突破,组织系统面临的环境越来越复杂,组织效率的可保持性越来越低。因此,组织需要根据环境适时做出调整,为静态环境服务的刚性组织受到了严峻的挑战,新型的柔性组织将取代刚性组织。

柔性组织取代传统僵化刚性组织已成为 21 世纪系统组织的主要模式。刚性组织又称机械组织,其影响组织的变量少,变量变化慢,组织在一定时间内具有系统的稳定性。刚性组织的运行是亚当·斯密的分工理论在实践中的体现。在管理模式方面,刚性组织强调集权控制,决策高度集中,刚性组织总部控制整个运行系统,依靠一整套严密的规章制度控制组织系统,被控制的单元组织作为成本控制单元和建设单位而存在,单元组织的目标是完成总部下达的建设指标和任务。由此,刚性组织高度集中的决策体制,使得组织中下层缺乏自主权和应变能力,同时刚性组织集中于自上而下的信息传递模式,使得横向组织缺乏有效沟通,无法调动系统内部的积极性,缺乏灵活的应变能力。因此,刚性组织的存在只限于稳定或变化有规律的环境中,并且适用于小规模的工程建设。而当组织涌现出多样性、工程规模超大、环境不确定性时,工程组织系统柔性化则是一种战略性选择,由此组织内部更加重视人以及系统集成的因素。

柔性组织是与动态竞争环境相适应的,具有弹性即适应性、创新性、学习性及敏锐性的新型组织形态。柔性组织避免了刚性组织结构僵化、沟通困难的特点。柔性组织赋予系统内部层级更多的自主权,增强了组织的灵活性及处理突发事件的能力,组织系统可以迅速做出有效决策,并以最小的代价和损失做出应对和调节。

对于大多数的组织,应该根据组织自身的情况,将这几种方法结合应用,以达到更好的效果。在企业管理领域,现阶段成熟的柔性组织主要有虚拟组织、项目小组、网络组织、无边界组织、学习型组织以及柔性团队等。由于组织所处的行业和地位的不同,其柔性组织形式也不尽相同,但就目前我国企业的发展现状来看,信息化不够健全,员工的整体素质和企业运行机制不够完善,以上的柔性组织形式难以完全发挥优势,也不便于组织柔性的控制和评价。如果能够将组织柔性附在一个载体上,使之形象化,那么柔性组织的构建和评估就变得相对容易。战略层面上,提高组织柔性的方法主要有以下几种:

① 构建提高组织柔性的基础平台;

② 树立正确的柔性观;

③ 建立学习型组织;

④ 改革组织结构,形成快速反应能力的组织基础等。

### 7.2.2 工程组织

#### 1. 工程组织定义

根据 ISO1006,项目组织是一个为了完成特定的项目内容而临时组成的团体。工程项目组织是为了实施工程建设而组成的实施项目主要工作的团体,因此工程项目组织可以定义为:根据一定的行为标准和规章制度而组成的实施整个工程项目内容的一次性团体。从定义可以看出:

① 工程组织是一个一次性的组织团体。这是因为工程项目从本质上讲是一次性的,结束后不会重复,从而导致完成该工程项目各项任务的项目组织也是一次性的,结束意味着解散。

② 工程组织是由实施各项工程内容的行为主体组成的。不管构成工程项目的组织团体形式如何,该组织的成员都需要实施工程项目内的所有内容。

③ 工程组织应该按照一定的规则建立起来。不同组织结构的工程项目组织是按照不同的规章制度建成的。当然,这些规则和制度会受到参与单位的企业制度、工程项目规模大小等的影响。

④ 工程组织是由系统化的行为主体构成的。工程项目的实施需要相

应的行为指示,而完成该行为指示的主体,即人,组成了这样一个团体。这些人按照不同的项目安排和指示实施相应的工作。从这一点来看,和工程项目有关联,但是没有具体参与实施工程项目内容的人只是项目的利益相关者,不属于工程项目组织的范畴。

2. 工程组织层级

工程组织是由工作任务承担者组成的项目组织,而承担者是由工作任务决定的,工作任务则是由工作目标决定的。工程项目中按照工作的性质进行划分可以分成专业性工作和项目管理工作两类,这是按照工程项目的系统结构和管理范围分解得出的。相应的组织形式是由完成这两种性质工作的工程项目组织成员构成的,如图 7-1 所示。

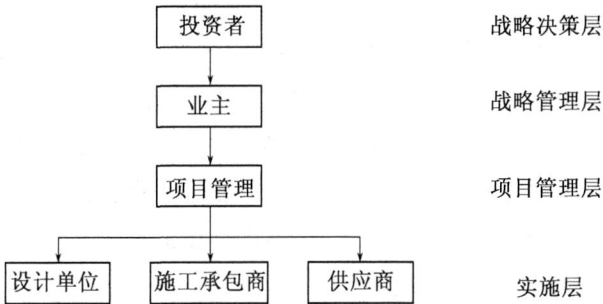

图 7-1　工程组织层级

从图 7-1 中可以看出,工程组织层级是包括四个层次的。其中,前三个层面主要以项目管理工作为主,而实施层以专业性工作为主。战略管理层主要是指工程项目的业主,是投资者所委托的项目主持人或项目建设的负责人,以所有者的身份进行工程项目全过程总体的管理工作,以保障项目目标的实现。

3. 工程组织特点

工程组织具有一定的特殊性,与普通的企业组织、社会组织和军事管理组织是不同的。工程项目都是具备一定特殊性的,因此工程项目的组织同样会以相应的特殊性与项目本身匹配,同时具备特殊的运行方式,项目组织成员在实施项目时也很大程度受其影响。工程项目的沟通、协调和项目信息管理也是由工程项目的特殊性决定的。工程组织通常体现出以下特征:

① 目的性。工程项目的目的、使命和目标是整个工程项目的重要组成

部分和主体。工程项目组织的构成为了实施工程项目总体目标和任务,而对工程项目组织结构和工程组织运行产生最大影响的因素也正是其目的性。

② 一次性。这是由工程项目的一次性决定的,工程项目的特殊性又是一次性的很好体现,项目组织是与项目相匹配的,因此,项目组织也会随着项目的结束而不再存在。

③ 完整性。工程项目中工作结构分解的完整性决定了工程项目组织的完整性。工程的任务和目标决定了组织的任务和目标,工程项目中的决策与行为决定了工程项目组织的决策与行为。分解工程项目结构所得到的每一个单元内容都由相应工程项目的组织成员来完成。

④ 弹性和可变性。工程项目组织有着高度的弹性,同时具有可变的特征。工程项目组织成员是流动的,组织是动态变化的,组织成员随所承担工程项目的实施进行动态变化,他们扮演不同的角色,在这其中或加入或退出项目组织。不同的项目组织有不同的策略、承包方模式,因此项目组织形式也具有多样性和可变性。一般情况下,在工程项目的早期组织比较简单,随着工程项目的实施而变得复杂,其组织形式也会变换。

4. 工程全生命周期组织和组织变迁

(1) 工程全生命周期项目组织

根据工程项目的生命周期,工程项目组织在全生命周期内也是由前期策划、设计和计划、施工和运行阶段的工作任务承担者构成的组织系统,包括前期策划项目组织、设计和计划项目组织、施工项目组织和运行项目组织,如图 7-2 所示。

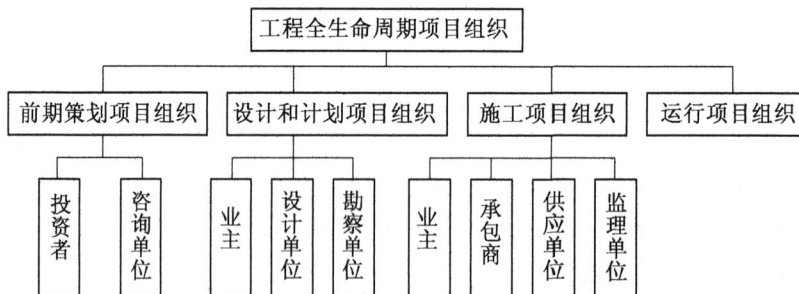

**图 7-2　工程全生命周期项目组织**

（2）工程全生命周期组织变迁

工程组织的变迁是一系列的过程，该过程包括工程项目组织的初始形成、发展变化和最终的解散。如果以过程视角来看工程项目组织的变迁，它是动态的、变化着的，它是建立在一段时间的基础上的；如果以瞬时视角来看工程项目组织的变迁，它是静态的、瞬时完成的，它是建立在瞬间的变化基础之上的。工程项目组织的变迁会从很多方面表现出来，如组织目标、组织成员、组织结构等。所以，工程项目的变迁是多种元素共同变迁的综合体现。

工程的组织结构是不断改变的，也就是说，工程项目的生命周期的不同时段通常有着不一样的组织结构。在工程项目的整个生命周期内，业主的特点、工程项目的特点、工程的大小、资金来源方式等左右了工程项目组织的变化。在众多的组织形式中没有哪一种是绝对的好或者差，所以不存在万能的工程组织结构，能够适用于所有类型、所有特点的工程项目。

在工程项目的前期策划阶段，上层管理者或领导在完成对项目的整体构思后，一般由业主或投资者的一个部门成立一个项目小型组织，针对项目的整体目标与计划开始研究与策划，这种情况下就形成了一个寄生式的项目组织，但是仅有临时性的协调作用。在提出项目建议书后，通常进入咨询阶段，由咨询公司或者提供技术支持的公司对项目策划进行可行性研究，此时一般会建立一个规模较小的领导组织。

项目立项之后，整个工程项目进入设计阶段。由于工程项目特点的多样化，这个阶段会出现差别非常大的项目组织形式。另外，这个阶段的工程项目组织形式也会受到设计工作的难易程度、业主性质、工程目标的实现方法的影响，一般到了这个阶段，工程项目组织会采用线性的或者职能式的组织形式。

通常情况下，当工程项目进入到施工阶段，与之前的设计阶段类似，该阶段的工程项目组织的形式仍然会受到施工工作的难易程度、业主性质、工程目标实现方法的影响。不同的是施工阶段的工程组织形式会有更高的要求，组织规模通常也会更大。一般小型项目可采用线性或职能式项目组织形式，大型项目采用矩阵式居多，特大型则采用项目群组织。

当工程项目施工结束，工程进入运行或运营阶段，一般会依据工程项目的性质和内容、工程项目资金来源的渠道和运营工作的安排采用公司或者分公司的组织形式进行运作。

5. 工程组织类型

(1) 针对企业的工程项目组织形式

一个企业有多种项目组织形式可以考虑和选择,针对不同行业不同类型的企业,不同的组织形式有各自的用武之地和使用前提。

① 寄生式组织。寄生式组织适合小项目或者任务比较轻的项目,这类项目通常是偶然发起的,一般的寄生式组织的结构如图 7 - 3 所示。

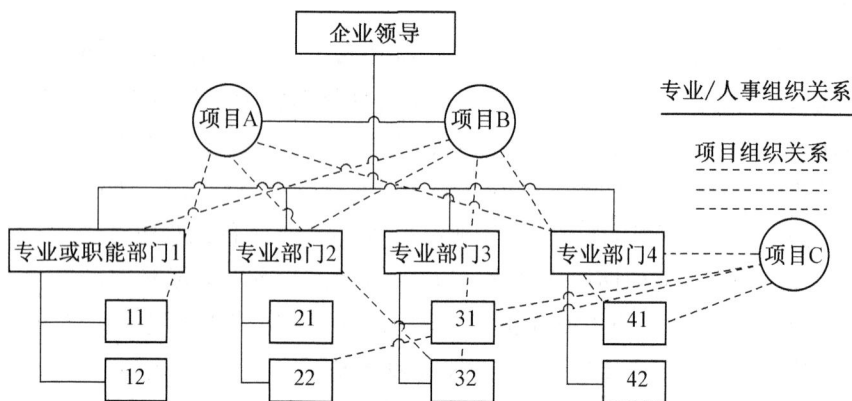

图 7 - 3　寄生式项目组织

② 独立式组织。顾名思义,独立式组织应该是适应要求独立完成项目任务或目标,独立式组织定的人员通常来自不同的专业领域或不同部门,其一般结构如图 7 - 4 所示。

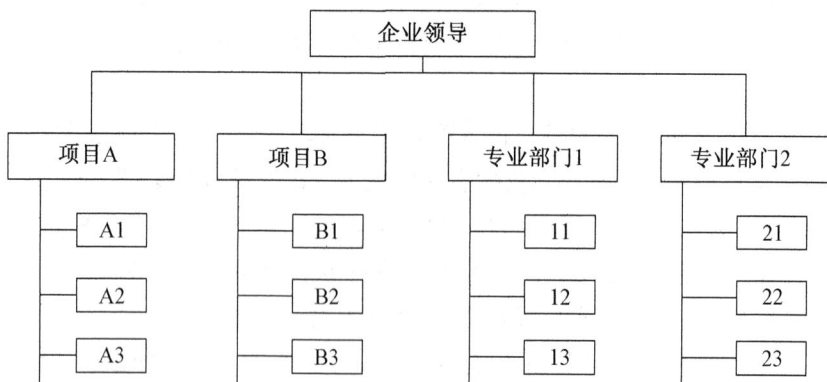

图 7 - 4　独立式项目组织

③ 矩阵式组织。矩阵式组织能够同时执行多个项目任务,比较适合多项目同时进行和管理的企业。当企业同时实施多个项目时,矩阵式组织形式能展示其优越性,使职能部门弹性地存在于企业组织中。图 7-5 为企业同时实施多个不同项目采用的矩阵式组织结构。

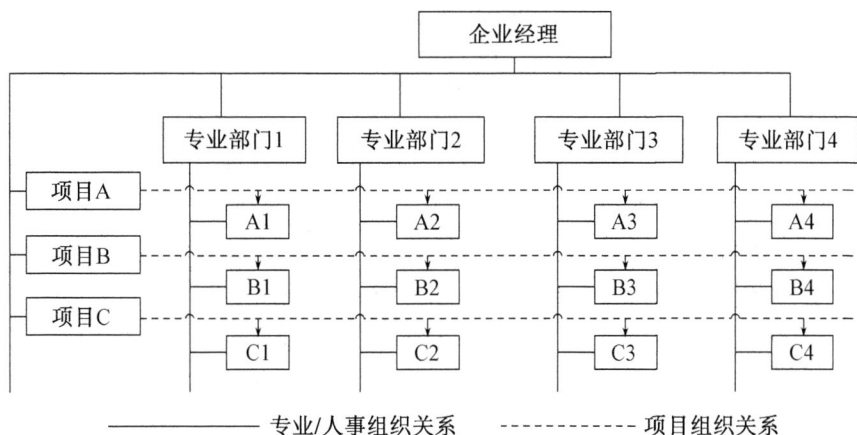

图 7-5　矩阵式项目组织

(2)针对工程项目的组织形式

① 线性项目组织。中小规模的工程项目会青睐线性组织形式,因为在这种结构中,组织结构很容易与工作内容的结构相匹配,从而形成较高的运行效率,线性项目组织结构如图 7-6 所示。

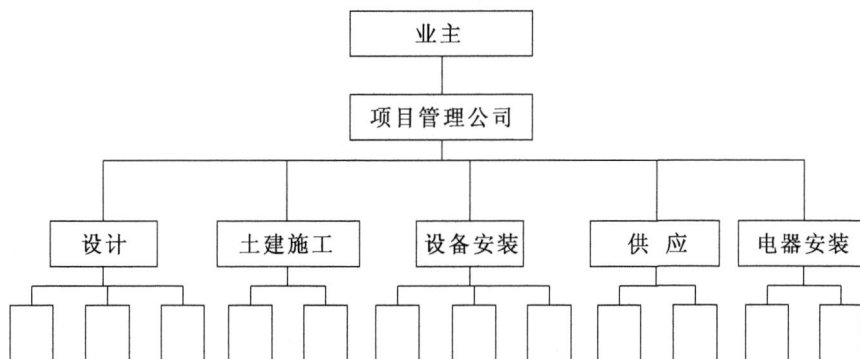

图 7-6　线性项目组织形式

② 职能式项目组织。职能式项目组织最早由泰勒提出。这种组织形式是由专业的分工和发展而来的,适用于工程项目规模较大,但是子项目数量不多的情形。某工程项目的职能式项目组织形式如图 7-7 所示。

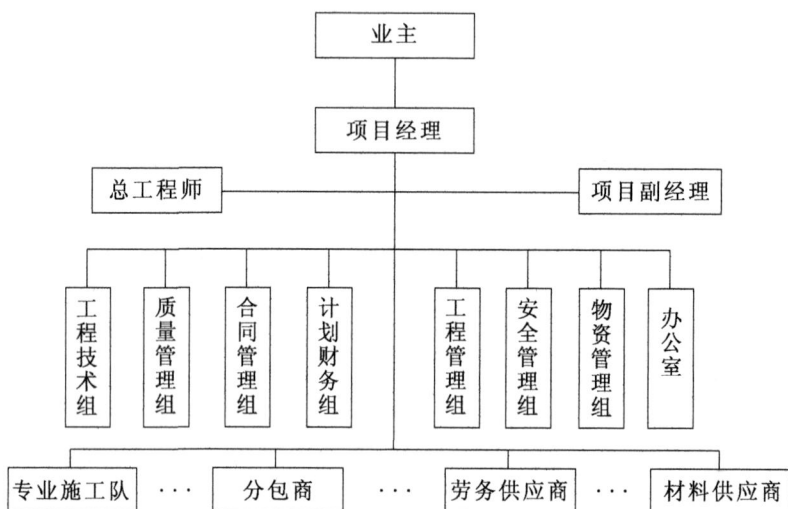

**图 7-7 职能式项目组织形式**

③ 矩阵式项目组织。矩阵式项目组织是一种比较新型的组织结构形式,适合单个的大型或特大型工程项目。当项目规模非常之大,并且可以将该大型项目分成很多个子项目,且各个子项目又能独立运行和实施时,可以选择矩阵式项目组织形式进行多个项目同时管理。矩阵式项目组织的一般形式如图 7-8 所示。

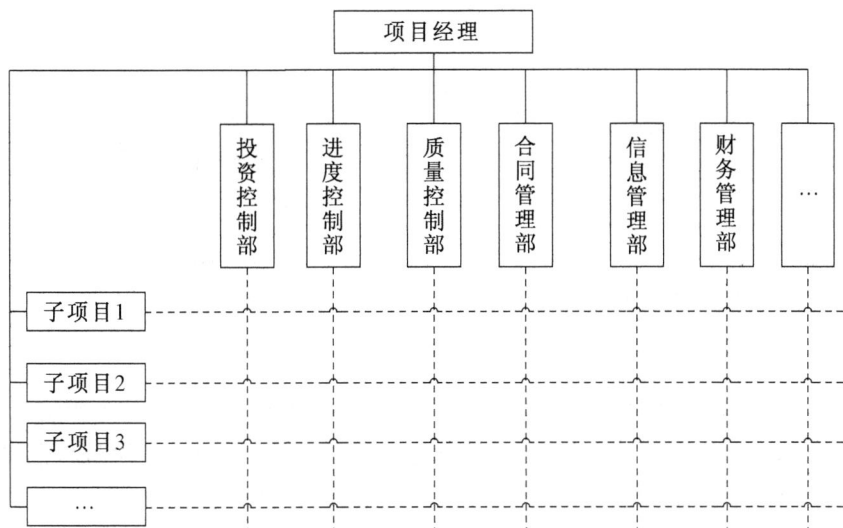

**图 7-8　大型或特大型工程矩阵式项目组织形式**

## 7.2.3　大型工程柔性组织

　　大型工程是一类投资规模大、结构复杂、技术要求高、施工难度大的复杂系统工程。而大型工程组织则是工程多方参加者按一定的规定或规律构建的管理系统。大型工程组织围绕建设目标，聚集业主单位、投资单位、设计单位、施工单位、监理单位、科研单位等主体，依据工程战略和特征以及外部经济、社会、技术和文化等因素选择或设计组织参数及适宜有序的运行机制。

　　柔性组织运用到工程建设领域，演变为组织为适应工程全生命周期内工程任务和内外环境的变化而做出的主动调整，实现柔性组织管理。即在工程的前期决策、设计阶段、施工阶段、竣工结算阶段和运营阶段，随工程建设内容的变化和工作重心的调整，动态调整组织结构、运作机制和岗位配置，以形成面向工程全生命周期内的组织结构的动态演化，从而改变了工程建设组织在整个建设期一成不变的刚性组织，有利于充分利用各类资源，特别是人力资源。面向工程全生命周期组织结构演化如图 7-9 所示。

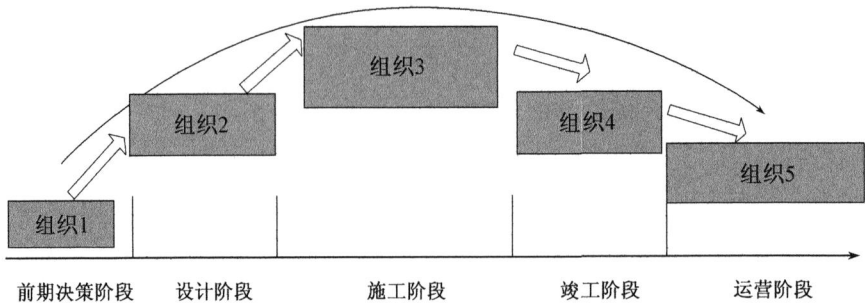

图 7-9　全生命周期工程柔性组织示意图

大型工程组织具有临时性特点,其管理内容随着工程建设任务而演变,工程组织的核心则是组织结构设计及组织演变过程中的冲突协调机制设计,其建设管理成功的关键在于适应性工程组织及其高效运行。

柔性组织与柔性管理是密不可分的,柔性管理从本质上说是一种以组织成员为中心的科学管理,通过充分授权,积极调整组织中参建单位的因素,从而把组织的意志或目标转变为参与方的自觉行动。工程柔性组织有以下主要特点:

(1)柔性组织的内在驱动性

柔性组织中标准化的流程机制是其重要组成部分,它不依靠权力,而能调动组织成员的主动性和内在的创新能力与潜力,因此具备一定的内在驱动性。但是只有当组织的制度和规范为组织成员自身所认识和重视时,组织成员才会自发的行动帮助实现组织的目标,这样内在驱动性才会发挥出来。

(2)柔性组织影响的持久性

柔性管理要求组织成员将组织的制度和规范与自身的行为相结合并保持一致,从而实现个人行为目标与组织目标保持一致。

(3)柔性组织激励的有效性

马斯洛的需求层次理论中,得到尊重与自我价值实现方面的需求是高层次需求的范畴,而柔性管理主要满足组织成员的高层次需求,使组织成员在参与工作的同时实现个人价值,因此柔性组织对于组织成员是具有激励作用的。

大型工程组织是一个复杂的多层次的网络结构,组织系统中的参与主体众多,包括业主、设计方、施工方、监理方、材料供应商以及分包商等,这些参与主体之间不论是否存在直接的合同关系,他们之间都存在着密切的合作关系,彼此之间不可分割、不能够独立运作。这些主体之间存在着信息、资金、物质等多种资源的交换和传递,任何一个主体都是组织系统中重要的组成部分,其能力、行为和决策也必然影响到系统的柔性特征。大型工程组织柔性就是当工程环境、业主需求等发生变化时,系统对这种变化的适应能力和快速响应能力。大型工程组织柔性管理的目的是为了提高工程组织系统对不确定问题的反应能力和系统运行效率,提高整个组织应对不确定事件时的反应速度和反应决策,最大程度地减少因为工期的拖延造成资源浪费等经济损失。

大型工程组织的柔性模型构建是一个重要任务,具有有限性和特殊性,其构建过程是独特的,既要为组织实现一系列目标,又要受到资源条件的约束。构建工程柔性组织,实现柔性管理,提高管理效率的方法(图 7 - 10)包括:

**第一:充分授权**。让组织的基层获得部分权力,使得基层组织能够独立地进行目标的管理、职责的履行和问题的处理,以适应环境与条件的变化。

**第二:在信息技术的支持下建立扁平化的组织结构**。扁平化的组织结构依靠信息管理技术、网络技术等信息领域技术的支撑,能够快速地对环境变化做出反应。在扁平化组织结构中,各个部门的横向沟通相对较为顺畅,部门之间的距离得以缩短,许多中间环节也得以省略,效率得到较大的提升。

**第三:实现高效的奖酬机制**。项目管理者在组织成员积极性提高、工作效率提升的情况下,需要对成员的劳动进行肯定,以促进成员更加努力地劳动。

**第四:建立标准化的管理体系**。随着工程建设的进展,工程组织在不断调整优化,但是工程建设的核心流程因为涉及界面管理,因此不能因为组织的调整而调整,需要固化下来,比如合同管理、招投标管理、计量支付流程、变更设计流程等,以减少组织的不确定性。

**第五:创建柔性化组织文化**。工程建设不同的阶段,所需的岗位资源和数量是不同的,特别是施工阶段结束后,现场施工管理和一线人员的需求量会大大下降,这就涉及岗位和人员的调整。柔性化组织文化是柔性实现的认识论基础,从而使个人知识资源转化为组织资源,使得组织柔性具有可行性。

图 7 - 10　工程柔性组织实施路径

### 7.2.3　大型工程组织模式的复杂性

按照复杂系统的理论,将大型工程组织视为一个复杂系统。大型工程组织模式是系统的结构,组织行为是系统的功能。组织模式具有适应性、情境性、复合性、网络性和逻辑性。

组织模式的适应性:与常规工程相比,广乐工程具有典型的项目内部复杂性特征,现有研究表明这些复杂性的影响可以通过合理的实施组织模式结构和机制设计优化予以降解。

组织模式的情境性:与欧美发达国家相比,我国大型工程组织模式还一定程度上受到特有的制度环境的复杂性(项目外部复杂性)的制约,具有"市场—行政"二元的制度逻辑会对项目外部复杂性产生影响。

组织模式的复合性:大型工程组织主体行为涉及个体、团队和顶层不同层次的主体,且各层次之间相互影响、作用和渗透,对组织效能产生作用,进而影响到项目绩效。

组织模式的网络性:大型工程组织可以视为一个设计、施工、供货、咨询等多类参与主体构成的临时性网络系统,他们共同的行为决定了组织整体性功能行为(例如良性、劣性行为)及组织效能,各类参与主体行为的交互,会出现效能涌现机制。

组织模式的逻辑性:大型工程组织既然可以视为一个复杂系统,其系统复杂性主要表现为大型工程组织对于项目复杂性的自适应性,即组织适应性。

## 7.3　柔性管理与工程柔性管理

### 7.3.1　柔性管理

柔性管理理论的研究最初应用于制造业,用以应对激烈的市场竞争以及不断变化的顾客需求,通过采取自动化的柔性制造方法,企业可以快速提升竞争能力。之后,随着制造业柔性应对多变市场带来的整合优势,柔性管理理论开始广泛应用于企业战略的制定以及组织管理领域,并获得了积极的成果。王茜(2010)对柔性管理的价值进行了分析。首先,她认为柔性管理是资源理论、知识理论和动态能力理论的有机融合,即柔性是试图制定一组可以选择的行为准则及方案,使主体在变化的环境中主动适应变化和提升自己的能力。主体进行自身的柔性管理的能力由以下两种因素决定:主体支配资源时体现出来的内在柔性,主体在可行性方案中使用资源的能力。其次,管理中柔性的价值以变化为条件,是主体或者组织应对不确定性和风险的一种有效手段,管理中的柔性程度与外部环境的变化程度紧密相关,只有达到动态平衡才能最大化地发挥柔性的功效。例如,在传统的决策理论中,决策环境是封闭、静态的,柔性基本上没有管理的价值,只有在动态、开放、多变以及不确定的环境下,柔性的管理才具有价值。第三,柔性本质上体现了一种反应能力及快速整合资源的能力。柔性管理的对象包含一切可以转化为能力的要素,包含人,也包含知识、技术、信息等。此外,柔性管理也是一项系统工程,需要各个要素共同配合完成,例如组织、资源、人力、财务、信息技术等,目的是最大化发挥系统整合的功效。

### 7.3.2　工程柔性管理

1. 工程柔性管理内涵

在工程组织柔性管理的研究中,赵振宇和殷音(2008)应用柔性管理理论对工程承包联营体进行环境动荡性评价和柔性评价,为工程承包联营体的组织和管理提供了一种新的视角和思路。讨论了工程承包联营环境动荡性评价指标和工程承包联营体柔性评价指标以及相应的评价方法,将其作为判断工程承包联营体对竞争环境及内外部因素变化适应能力的重要工具,为进一步调整联营体的柔性,提高联营体的管理水平和竞争力提供支持和帮助。赵振宇等(2011)在原有工作研究的基础上,将管理柔性理论引入工程承包联营体研究中,根据联营体特点并结合项目管理理论,提出了联营体的柔性定义和柔性特征,在借鉴企业组织柔性量化分析方法的基础上,建立了联营体的环境动荡性分析和柔性分析的框架和方法,对承包两个大型国际项目工程承包联营体进行了实证研究和对比分析,得出其环境动荡性和柔性度评价结果,为分析和改善工程联营体的运营和管理提供了新的视角和有效的分析工具。吴伟军(2010)介绍了建筑组织以及柔性组织的发展现状,在分析建筑组织存在问题的基础上,结合柔性的特点,对柔性建筑组织的适用性进行了分析,借鉴制造业组织的柔性系统的构建方法,构建了柔性建筑组织的模型。Benson et al. (2011)用采访与调研的方法对工程组织柔性进行研究,为管理者找到影响组织柔性的关键因素和维度,并采用结构方程模型对相关问题进行了分析,结果表明工程组织柔性是一个多层次的概念,包含了战略层面的柔性、战术层面的柔性和运作层面的柔性,员工的技能和行为、组织的运作能力、业务策略是影响组织柔性的正面关键因素。

工程组织一般具有较多的层次。一般的工程组织中包含多个参与方,这些参与方之间通常存在着非常密切的关系,对于整个工程组织系统来说,这些参与方是不可分割、相互协作的。任何一个参与方都可能是工程组织中的重要一方,参与方之间存在着各种信息、物质等资源的传递与流通,所以参与方的行为必将影响工程系统的柔性。工程组织柔性就是当工程的内外环境、某参与方的需求或条件产生变化时,工程组织对这样的变化的应对能力,工程组织柔性管理的最终目的是提高工程组织对无法确定的变化因素的反应能力以及组织的运行效率,从而提高应对能力,最大程度地减少因为效率低下而造成的资源浪费等现象。

柔性管理对工程组织来说具有较高的价值,在工程组织的运作中也是必不可少的,因此对于工程组织柔性管理的研究是非常有意义的。

① 工程组织是一个包含知识、信息、物资等多种资源的动态演化系统,主体在系统演化过程中始终发挥着自适应能力,系统演化的结果也是工程组织自组织的结果。

② 工程组织不断处于动态演化过程中,工程是一个系统,系统中的主体发挥着自身的能力,工程组织的发展结果就是系统演化的结果。

③ 面对内部与外部环境的各种风险与不确定事件,工程组织的管理需

要具备一定的柔性才能保障工程组织运行的顺畅；系统具有一定的柔性才能达到工程组织运作的动态平衡。

④ 工程组织管理的核心思想为资源整合、集成，与柔性管理有着一致的管理目标，目的是使工程组织的运作绩效最高，因此，工程组织管理要注重资源的利用与调整，工程组织的柔性管理的目标应与之保持一致。

2. 工程柔性管理动因分析

不确定性也是工程组织管理过程的重要特征，工程组织柔性管理的驱动力来自工程组织复杂系统所面临的不确定性，工程组织应对这种不确定性时的动力过程如图 7-11 所示。例如在工程施工过程中，业主提出提前完工的需求时，工期进度目标受到这种变更需求的影响，为了适应这种不确定因素的影响，业主、施工方和原材料供应商等需要联合起来，对施工进度进行系统分析与综合，形成新的施工方案，直到系统柔性目标得到满足。

工程组织柔性管理的动因主要来源于不确定性因素的产生，工程组织的不确定因素及产生原因主要包括：

(1) 业主及参建主体众多，存在复杂的交互关系

工程组织相关的部门和人员众多，关联关系复杂，任何一个主体的决策、偏好、目标、需求、行为都可能影响工程组织的运作目标。例如设计方在设计过程中的疏忽和错误，会导致施工过程的重复建设、施工进度难以控制等，而设计错误的严重性必然影响到系统柔性的可承受能力，工程组织承包商之间如何通过有效的协同合作，尽量降低设计失误导致的成本，尽量加快整个工程进度等工程多个目标。再如原材料供应商对市场环境的预测失误，导致原材料成本较高，这种不确定性将影响施工方的施工进度和施工质量等多个目标。再如，业主价值偏好会影响其对工程目标需求的变化，主体具有学习能力，在业主的自我学习过程中，其决策偏好会发生变化，导致工程管理目标偏离原有目标，业主需求目标的变化必然引起设计、施工、咨询等工程组织承包商的连锁反应，系统如何适应业主需求的变化也是影响系统柔性的重要因素。由此可知，工程组织承包商之间复杂的交互关系是工程组织的系统柔性的重要影响因素。

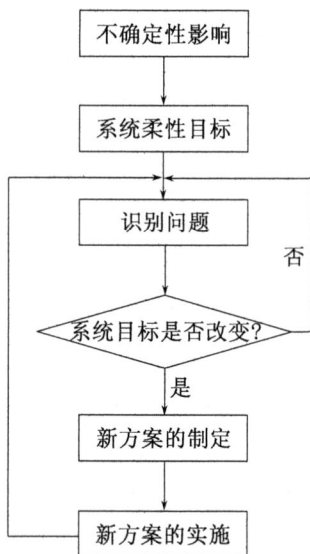

**图 7 - 11  工程组织应对不确定性问题影响的动力过程**

（2）工程组织决策问题的复杂性

复杂工程决策问题涉及因素多，关联复杂，具有系统复杂性。工程决策问题的认识是一个循序渐进的过程。首先，决策问题往往受到多种约束条件限制，任何一个约束条件的变化都会对决策问题带来极大的影响，甚至影响决策问题的演化路径。其次，工程组织决策问题是基于多主体的群体决策，分散独立的决策主体对决策问题的认识和界定存在差异，决策信息的不充分、不完全会导致决策冲突。因此，工程组织决策问题受到外部环境、内部环境、决策主体的认知程度、信息存量多少等多方面不确定因素的影响，而决策问题本身的不确定性是影响工程组织系统柔性的关键因素之一。

（3）工程组织运作环境的不确定性

工程组织运作环境包含系统外部环境和系统内部环境两个方面，系统外部环境的不确定性如气候不确定性对施工安全的影响、市场环境导致施工原材料价格不确定对施工成本的影响、重大关键设备的租赁与调度对施工进度的影响等，系统内部环境如施工单位的财政危机和融资能力对工程组织运作风险的影响，业主需求的变动对设计、施工变更的影响等。工程组织运作环境的不确定是工程柔性管理的根本需求，也是系统柔性的动因之一。

通过以上的分析可知,工程组织柔性管理的动因来自工程中的不确定性,系统对复杂性和不确定性的适应能力就是工程组织柔性能力的体现。工程组织系统的不确定性是系统复杂性的重要体现,工程组织问题及其处理过程中的不确定性,要求系统不断审视新问题,不断调整自身方案以适应新环境和新目标,不断协调组织内部成员关系。工程组织管理绩效往往难以预见,系统主体的微观交互行为及主体的行为偏好导致系统在不同层次上的绩效表现,为了能够得到较好的管理绩效,在工程组织管理过程中应该致力于建立并制定有效的协调机制和决策机制,以提高系统柔性,适应系统所面临的不确定性和复杂性,并灵活地选择应对策略,形成基于柔性的过程管理。

3. 大型工程柔性管理内容

工程组织所面临的不确定性程度越大,柔性在工程组织管理中的作用也就越明显。环境的动态性与不确定性使得柔性的战略价值备受关注,管理过程的柔性化虽然不能完全消除不确定性和动态性对系统的影响,但系统的柔性化更加关注系统主体、系统内部交互过程和系统内外反馈过程,通过制定合理的策略对其进行积极有效的调整与反馈,这对于工程组织管理具有极其重要的意义,其研究内容大致包括:

(1) 目标柔性管理

首先,工程组织的质量、成本、工期等管理目标受到环境动态性的影响较强,目标对外部环境的变化反应敏感,外部环境以及约束条件的变化会导致工程组织管理目标的变动与游离;

其次,主体的利益诉求和行为偏好也是影响工程组织运作目标的关键因素,决策主体的偏好可能随着实践与认知的改变而改变,进而影响决策目标的改变;

再者,随着工程组织承包商对目标的认识越来越深入、越来越清晰,决策目标也有可能发生改变,因而导致管理目标的柔性。

由此可见,工程组织管理的目标可能发生改变或调整,工程组织目标柔性管理的任务就是及时获取影响目标的不确定性信息,根据环境的变化来确定目标调整的幅度和方向,在目标调整的基础上适度调整相应的管理策略和优化操作程序,以确保工程组织在有效运作的基础上获得更好的运作绩效。

（2）资源柔性管理

工程资源包括物质、资金、信息、知识、技术等各种要素，这些资源是工程组织管理的核心对象，减少这些资源在系统网络结构上的流动障碍是工程组织管理的重要任务。首先，工程组织在资源的配置上并不是一成不变的，随着工程的不断推进，资源在组织网络上不断动态流动，资源的配置状况随时发生变化。其次，资源共享的程度会影响工程组织的运作绩效，工程组织上任何主体都拥有不同的资源，资源在这些主体之间的交换、共享程度较高时能够提高决策效率和效果，例如信息资源在主体之间的共享与否对系统上不同层级的主体决策有着重要的影响。再者，有些资源分散在不同的主体或子系统中，工程组织管理的任务之一是将这些分散的资源通过某种机制或策略集成起来，提高系统运作的效率。

（3）运作能力柔性管理

工程组织的运作能力是指工程组织的主体能够通过协同合作，识别外界环境的变化，获取并合理配置有限资源，有效应对或适应工程复杂环境与动态变化的能力，"能力"是主体运用资源的效果的体现。

工程组织的运作能力主要体现在以下几个方面：

① 识别问题及调整目标的能力，判断环境变化是否对工程组织的运作目标产生影响，是否需要进行目标调整以及如何调整的能力。

② 根据调整后的目标获取资源的能力，或者从现有的资源中选择适当的资源进行配置的能力。

③ 利用资源的能力，即选择与配置后最大化发挥资源有效性与集成效用的能力。

④ 创新能力，即在利用资源的基础上，解决新问题的能力。工程组织的运作能力也具有递进性与发展性，因而也具有柔性，运作能力柔性管理的主要任务就是识别影响决策能力的因素，并通过多种途径不断增强工程组织对动态环境的适应能力。

## 7.4 柔性组织设计模型

### 7.4.1 影响因素

工程组织任务较明确，环境相对稳定，通常依据任务来组织结构设计，并确定相应结构、控制策略及相关协调机制（Lars Lindkvist，2008）。大型工程构成要素多、结构复杂、技术要求高、涉及多个异质主体、环境复杂,在建设过程中面临着一系列的物理复杂性、系统复杂性和管理复杂性。为了应对工程复杂性对工程组织的挑战,大型工程组织设计应关注以下几个基本方面：

（1）非均衡有序性

组织的均衡是指在某个时空序列下,组织的行为模式、结构、协调机制在宏观层次上呈现出一种稳定的形态,显示出功能的有序。组织的非均衡是组织偏离或者远离了原有的均衡态,也就是在新的环境下,原有的组织模式、结构和机制很难处置组织所面临的问题,而必须采取措施进行调整。大型工程由于受到各类环境的扰动和工程组织本身的特性,使得工程组织在时间序列和空间分割上存在着非均衡,并通过适宜性选择、学习、创新和多样性的综合来形成新的有序结构,适应环境,以驾驭工程建设。

（2）多级递阶结构

工程项目活动的层级性决定了组织控制的层次性。大型工程的任务众多、结构复杂、建设过程涉及多个过程,且具有多个同质和异质主体,因而面对这样的大系统实施控制时,需要采取集中控制和分布控制相结合的多级递阶控制,集中控制主要体现在目标的确定、关键主体的选择、各类法规、标准的协调统一、主体冲突的协调和资源的统筹分配,以及工程质量、安全、进度、成本等方面的总体控制,分布控制主要体现在具体的设计方案、施工技术方案以及应对工程中出现的各类不确定性等方面,在控制的层级上具有多个控制器和协调器来进行任务的分解和整体的综合。

（3）柔性演化

工程本身的建构性和多阶段性要求工程组织必然是一个建构—解构—建构的动态过程。大型工程所呈现的要素多、关系复杂,且面临的不确定性和初始敏感性要求工程组织具有多态性的转换。大型工程组织的柔性演化主要体现在战略、结构和机制方面。具体来说,主要是指战略目标和战略措施的动态调整、组织模式的动态整合、组织结构和控制策略的跃变、组织资源获取和配置的柔性策略等方面。

由上可以看出,工程组织的设计和建设要从工程本质出发,强调问题驱动的组织建构,同时必须关注和考虑工程复杂性给组织带来的挑战,在设计和控制这类复杂大系统时要依据复杂性科学理论和有效的方法论来进行组织的柔性设计和张力调整。

### 7.4.2　设计原则

大型工程柔性组织设计首先要支撑未来项目的运营；其次要服务工程建设，以工程建设为重心，高效的组织结构是强化工程建设的有力工具；最后提升管理效率，科学有效的组织结构是提升管理效率的基础，是实现工程建设目标和企业发展经营目标的制度平台。具体的设计原则如下。

① 顶层设计原则：大型工程建设初期进行柔性组织顶层设计，使组织演变能够平稳过渡，不出现资源匮乏或资源冗余。

② 面向运营原则：通过管理的统一性，使大型工程规划、设计、建设各个环节都着眼于运营，有效避免了管理脱节、协调障碍和工程先天不足。柔性组织将有助于实现"工程建设—项目运营—资源开发"一体化的组织战略。

③ 权责利对等原则：大型工程每一管理层次、部门、岗位的职责、权力和利益都要互相对应，并要求专业分工要明确、部门界面要清晰。

④ 有效管理幅度原则：管理人的直接管理人数应控制在合理的范围内。

⑤ 精干高效原则：在保障大型工程任务及时完成的前提下，力求做到机构精简、人员精明能干、管理效率高。

⑥ 执行和监督分设原则：大型工程多层次的监督机制，保证监督机构起到应有的作用。

### 7.4.3　设计模型

环境的高度不确定，必然会导致柔性组织的产生。环境是组织赖以生存的基础，也是组织决策的依据。权变学派理论认为没有什么是一成不变的，不存在普遍适用的"最好的"管理理论和方法，而是强调权变管理，即通过组织的各子系统内部和各子系统之间的相互联系，以及组织和它所处的环境之间的联系，来确定各种变数的关系类型和结构类型。权变理论强调在管理中要根据组织所处的内外部条件随机应变，针对不同的具体条件寻求不同的最合适的管理模式、方案或方法，组织内部条件应与其外部的环境相适应，两者必须相互配合，组织才有效率。

　　基于权变理论,结合大型工程系统特征,本文构建基于"环境—任务"的大型工程柔性组织设计模型。大型工程柔性组织系统设计与两个因素紧密相关,一是环境的不确定性,二是组织任务的复杂性。就组织运行环境而言,如果一个组织只与外部环境少量能量交换,则属于静态环境;反之,则属于动态环境。而就组织任务而言,一般情况下,任务越多,组织就会越庞大,其面对的任务越复杂;反之,组织任务越少,内部管理问题越聚焦与简单。因此,基于"环境—任务",大型工程柔性组织设计模型为:① 静态—简单;② 静态—复杂;③ 动态—简单;④ 动态—复杂(见表 7 - 1)。

表 7 - 1　基于环境的组织设计模型

|  | 简单 | 复杂 |
|---|---|---|
| 静态 | 低不确定性<br>功能型组织 | 低—中不确定<br>功能型多维组织 |
| 动态 | 中—高不确定性<br>环境导向组织 | 高不确定性<br>环境—任务导向性柔性组织 |

　　建立在环境低不确定性的假设下,柔性组织通过建立严格规定、角色明确、层级划分,构建功能型组织来完成组织任务;而当环境低—中不确定的假设下,组织任务呈现复杂性特征时,则需要建立复杂产品维度下的功能型多维组织;当环境中—高度不确定时,组织任务简单时,需要针对动态环境做出迅速反应,构建环境导向下的组织;最后当环境高度不确定,组织任务呈现复杂性特征时,组织则需要以"环境—任务"为导向,建立高度柔性组织与之匹配。

## 7.5　组织柔性演化

### 7.5.1　组织柔性演化内涵

　　组织的柔性演化是指组织为了实现目标和应对环境变化,组织的战略、结构、机制等方面的在时间和空间方面的调整来获取资源整合、学习和创新等方面的能力。这与前文论述的大型工程组织的非均衡有序相一致,因而从均衡态来说,组织的柔性演化是在保持组织功能有效的前提下,组织从一个均衡态向另一个均衡态的跃迁。

组织的柔性演化在宏观和微观层面上表现各不相同。在演化过程中宏观上主要表现为战略、结构和机制，战略主要表现为柔性和宽泛性，由于工程的复杂性使得战略的形成不是一开始就完全具备，而是在建设过程中进行不断的挑战和完善；结构的变化表现在其开放性上，以便更有利于整合资源；机制的演化表现在具体的措施和手段上，如集中控制与分布控制，控制与自组织协调等。在微观层面上表现为组织的具体目标、组成组织的主体（人员）、采用的技术和组织文化四个方面。在目标上表现为多元性和层次性，在不同阶段侧重点不相同；在组成人员上表现为较自由的进入和退出机制，并且在人员的选择上要具备一定的缓冲性，另外人员的岗位和角色也会随着任务和环境的变化而进行调整；在流程上，组织根据需要进行制度、规则和程序的切换或调整；在文化上，强调多样性的融合，具有持续学习、创新和开放的文化氛围和良好的沟通机制。

工程建设从物理上看是一个从无到有的过程。从资源角度来看，它是各类资源不断整合的过程。从问题角度来看，它是基于问题驱动的全过程，其组织依据"建构—解构—建构"的路径演化来满足内部建设需要和适应外部环境。同时工程本身的阶段性和具有特点，要求工程组织是一个开放、动态和演化、适应的复杂系统，体现在边界、人员、资源、信息、管理主体、角色、岗位、控制策略等方面。

## 7.5.2 组织模式柔性演化

工程的传统管理模式是依据正式的契约关系，通过招投标的方式确定设计、施工及相关单位，他们之间构成了雇用和被雇用的关系，领导和被领导的关系，地位不平等。由于大型工程的多个阶段涉及多个异质主体，各主体为了各自的目标，追求自身利益，在建设过程中呈现一种短期对抗性的短期合作关系，在工程实施的各个阶段和过程之间，在规划实施、管理运作上往往相互分离、相互脱节，合作性较差，组织界面、过程界面协调沟通的难度较大，在这种环境下，工程实施过程缺乏有效的整合思想、方法和手段，目标各异的项目各参与方之间又缺乏合作性的协调决策机制和沟通策略，从而出现了多主体的合理合法的冲突，产生了在工程建设过程中返工、超计划工期和成本预算、安全事故、工程质量、工程索赔和反索赔的事故等现象。

在工程建设初期，对工程的认识还不足，面临着较大的不确定性和复杂性，组织结构相对松散、权力分散。随着基础资料的采集和工程方案的设计,工程的复杂性主要表现在复杂的施工环境,组织结构相对稳定,制度、规则、程序等相对健全,要求施工人员严格按照相关流程进行。

从整个工程的阶段来说,工程组织主要呈现"有机组织—混合组织—机械组织"的路径演化。

在组织协调的手段和方法上,也会依据工程的建设阶段和面临的任务进行动态调整,主要包括直接领导、自组织适应和标准化控制(亨利·明茨伯格,2007)。在工程建设初期或者建设过程中面临较复杂的问题时,工程方案或者材料、工艺等方面呈现模糊、无序状态,这时组织中的干系人通过沟通、学习和研讨,相互激发或适应,逐渐寻求有效的方案,如在工程最初对于"造什么样类型的工程",在技术问题解决过程中"采取哪一条路径",在材料和设备选择过程中"选择哪一个供应商"等方面都能体现自组织适应的控制策略。

在任务目标明确、路径清晰、分工细化和施工方案明确等情况下,一般采取直接监督的控制方法,如对施工人员的控制,对选定供应商之后材料和设备资源的质量、时间和成本控制等。

在组织控制过程中,依据任务目标和结果的明确程度,直接控制和自组织适应分别可以通过实施流程标准化、结果标准化和输入标准化来实现。流程标准化主要表现在施工图完成后,制订详细的施工指南,结合施工方案和施工图纸,对所属标段的各主要分项工程按施工工序、施工流程进行分解,在此基础上编制提供一线工人使用的、简单易懂的现场操作指南,并依据"纵向到底、横向到边"方式进行技术交底。结果标准化就是当工程全局或局部的标准或性能确定后,管理或控制主体可以采取放权的方式,而只对结果进行关注,而对过程路径的选择不必强加干涉,如工程施工过程中对施工设备的选择、材料的选择、技术的选择方面往往不单纯迷信于国外的产品,而通过充分沟通和合作的方式,鼓励国内的企业进行研发和制造,实现工程的战略资源价值。而当目标和结果都不清楚时,组织控制的关键在于选择有能力的建设主体,并在建设过程中对施工人员进行技能培训,如图7-12 所示。

为了满足组织的柔性演化需要,大型工程组织在设计时要运用综合集成的思想关注战略的柔性、结构的多态性、控制和协调机制的多样性以及文化的多元性。在设计柔性时,要建立水平扫描活动,用来鉴别组织最有可能

| 有机组织 | 混合组织 | 机械组织 |
| --- | --- | --- |
| 分散控制 | 共治控制 | 集中控制 |

结果标准化　　输入标准化　　流程标准化

主体的多元性

不确定性

前期　　设计　　施工　　竣工

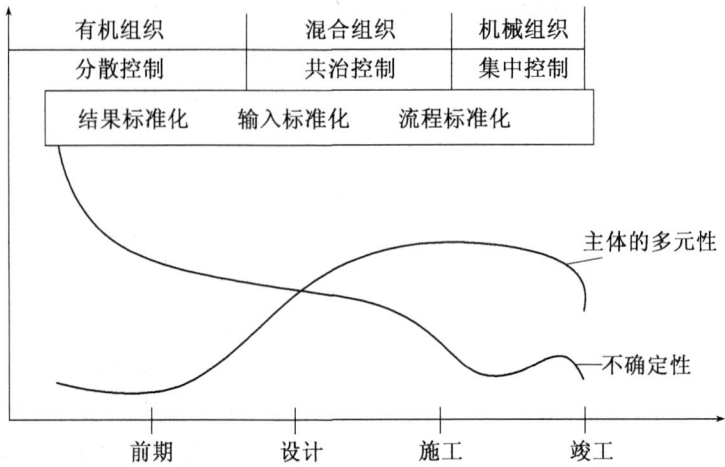

图 7 - 12　组织结构和机制的柔性演化

会遇到的机会和威胁的一般性本质程度;培育足够的资源缓冲器,或称松散性,随着事件的确切显现而做出有效的反应;选择和培训有能力的主体,使他们具有在正确的时刻适时、灵敏地采取行动的能力。

# 第8章　大型工程柔性组织有序度与柔性度分析

## 8.1　引言

信息流在工程项目,尤其是大型工程项目组织中至关重要。高效的信息沟通是改善项目组织主体间关系和促进工程项目顺利完成的保证,信息也是工程项目组织中各个主体科学计划、正确决策的重要依据。面对复杂多变的知识经济形态,大型工程项目组织在信息管理方面存在着信息传递缓慢、沟通遇到障碍、信息错误或产生偏差、信息丢失等问题。大型工程项目组织结构和大型工程项目组织中的信息传达与流通是互相制约和联系的,组织结构的变化会引起信息在组织中的流通传达情况的变化,从而对整个项目的运行和进展造成影响。组织结构应当适应时代信息技术水平,组织结构的设计与创新又应得到信息技术在技术层面的支持。

大型工程项目不断向大型化和复杂化方向发展,传统项目组织结构也面临越来越严峻的挑战,深入研究大型工程项目组织结构,对大型工程项目管理过程中减少信息丢失与偏差,有效实现项目目标有着重要的意义。

大型工程组织结构对于项目组织的正常高效运转起着非常重要的作用。因此,在对大型工程项目进行组织结构的规划与设计时,如何评价设计的合理性是值得研究的问题。本章应用熵理论的相关知识,基于组织中信息流通的角度,分别建立数学模型定量描述工程项目组织结构的有序度和柔性度,为大型工程项目柔性组织结构的设计提供了一种定量分析视角。

## 8.2　熵与信息熵

### 8.2.1　熵

熵(entropy)的概念由德国物理学家克劳修斯于 1865 年提出。化学及热力学中的熵,是一种测量在动力学方面不能做功的能量综述,也就是当总体的熵增加,其做功能力也下降,熵的量度正是能量退化的指标。熵亦被用于计算一个系统中的失序现象,也就是计算该系统混乱的程度。熵是一个描述系统状态的函数,经常用熵的参考值和变化量进行分析比较,它在控制论、概率论、数论、天体物理、生命科学等领域都有重要应用,在不同的学科中也有引申出的更为具体的定义,是各领域十分重要的度量。

### 8.2.2 信息熵

美国数学家克劳德·艾尔伍德·香农于 1948 年将热力学的熵,引入信息论。信息论中的熵用来描述系统不确定性的大小,熵的增加表示系统的不确定性增加,获得熵或者熵增加都意味着信息的丢失。系统的有序程度越高则系统的熵越小,系统所包含的信息量就越大;系统的有序程度越低则系统的熵越大,系统所包含的信息量就越小。即信息与熵互补,信息即负熵。

### 8.2.3 组织结构的熵与组织柔性的关系

为了分析组织结构的熵与组织柔性的关系,可以用新东方词汇书来举例说明。一本新东方词汇有序版显然要比无序版具有更低的熵,有序版的信息存储能力比无序版的要强得多。也就是说,无序版从无序状态开始更易结构重整变化成很多新的状态,包括有序版状态。也可以说,无序版具备更高的潜在信息,并且具备较大的重整能力。那么在组织结构中,组织结构的熵低则组织中存储着较多的专业信息,能够较好地适应相对稳定的环境;组织结构的熵低则组织更易适应环境变化做出调整。总结来说,高度结构化、存储着较多专业信息的组织对于相对稳定的环境来说效率是比较高的,但如果环境易变,这样低熵的组织在某一程度上会变得不易调整,从而不适应环境变化。

## 8.3 有序度与柔性度分析模型

### 8.3.1 有序度分析模型

从组织信息的结构设计角度,组织能否适应环境的变化,从而灵活应变和组织中信息传递的有序性有关,组织结构的有序度越高则说明组织内的信息传递效率越高,组织应对环境变化的响应能力越强。大型工程项目组织结构有序度可以表示为：

$$R=1-H/H_m$$

其中 $H$ 为组织结构的结构熵，$H_m$ 为组织结构的最大熵，$R$ 值越大则组织结构有序度越高。模型思路是分别给出组织中信息流通时效性的有序度和准确性的有序度，在此基础上得出组织结构的有序度。

**1. 组织结构的时效及其计算步骤**

定义组织结构的时效为信息在组织结构中各元素之间的传递过程中流通速度的大小，时效熵则反映信息在组织结构中元素间流通时效性的不确定性大小。

组织结构的时效微观态总数 $A_1$：

$$A_1 = \sum_i \sum_j L_{ij}$$

其中联系长度 $L_{ij}$ 为结构图中两元素间最短路径。

组织结构的最大时效熵 $H_{1m}$：

$$H_{1m}=\ln A_1$$

各联系的时效微观态实现概率 $P_1(ij)$：

$$P_1(ij)=L_{ij}/A_1$$

任意两元素间联系的时效熵 $H_1(ij)$：

$$H_1(ij)=-P_1(ij)\ln P_1(ij)$$

组织结构的总时效熵 $H_1$：

$$H_1 = \sum_i \sum_j H_1(ij)$$

组织结构的时效 $R_1$：

$$R_1=1-H_1/H_{1m}$$

**2. 组织结构的质量及其计算步骤**

定义组织结构的质量为信息在组织结构中各元素之间的传递过程中准确性的大小，质量熵则反映信息在组织结构中信息质量的不确定性大小。

组织结构的质量微观态总数 $A_2$：

$$A_2 = \sum k_i$$

其中 $k_i$ 为元素联系幅度及结构中与该元素有直接联系的元素数目。

组织结构的最大质量熵 $H_{2m}$：

$$H_{2m}=\ln A_2$$

各元素的质量微观态实现概率 $P_2(i)$：

$$P_2(i) = k_i / A_2$$

各元素的质量熵 $H_2(i)$（该元素在信息传递过程中出错机会的不确定性）：

$$H_2(i) = -P_2(i)\ln P_2(i)$$

组织结构的总质量熵 $H_2$：

$$H_2 = \sum_i H_2(i)$$

组织结构的质量 $R_2$：

$$R_2 = 1 - H_2 / H_{2m}$$

整个组织结构的有序度就是综合考虑结构中信息传递的时效和质量时组织的有序度 $R$：$R = \alpha R_1 + \beta R_2$，其中 $\alpha$、$\beta$ 为时效和质量关于组织结构的权重。

### 8.3.2 柔性度分析模型

上述大型工程项目组织结构有序度分析模型是从组织结构的静态特点角度分析的，而没有考虑在组织结构面对外界环境的动态变化时的适应度。对于从组织结构的动态变化角度分析，可以通过分析组织结构在运行中熵的变化，从而考察组织对外界环境变化的适应能力，从信息论视角看就是组织信息重构的能力。这里我们用组织结构的变化熵作为组织结构柔性度的度量，组织结构的变化熵越大，那么组织的柔性度就越小，组织则越僵化。

下面定义 $D_{ij}$ 为横向同一层次的两个元素之间的最短联系数，并定义由元素 $i$ 出发的总联系数目为 $d_1$，称为该元素主动联系数，由元素 $i$ 出发的所有第一个联系数目为 $d_2$，称为该元素的有效主动联系数，剩余的为有变化的联系数。

那么，各个联系的变化微观态实现的概率 $P(ij)$ 为元素 $i$ 的主动联系数 $d_1$ 减有效主动联系数 $d_2$ 与组织结构的变化微观态总数之比：

$$P(ij) = (d_1 - d_2) / A$$

组织结构中同一层次的两个元素的变化熵 $H(ij)$：

$$H(ij) = -P(ij)\ln P(ij)$$

组织结构的总变化熵 $H$：

$$H = -\sum_i \sum_j P(ij)\ln P(ij)$$

组织结构的变化微观态总数 $A$：

$$A = \sum_i \sum_j F_{ij}$$

组织结构的最大变化熵 $H_m$：

$$H_m = \ln A$$

组织结构的柔性度 $R$：

$$R = 1 - H/H_m$$

## 8.4　算例分析

下面通过案例对比线性组织结构和矩阵式组织结构这两种项目组织结构类型的有序度和柔性度。

案例：假设某大型工程项目公司将该大型项目分为三个子项目，每个子项目设有三个职能部门。针对这一大型项目，公司可以选择线性组织结构或矩阵式组织结构。下面对这两种项目组织结构进行对比分析。首先分别画出两种组织结构的示意图和对应的信息结构图，如图 8-1、8-2、8-3、8-4 所示。

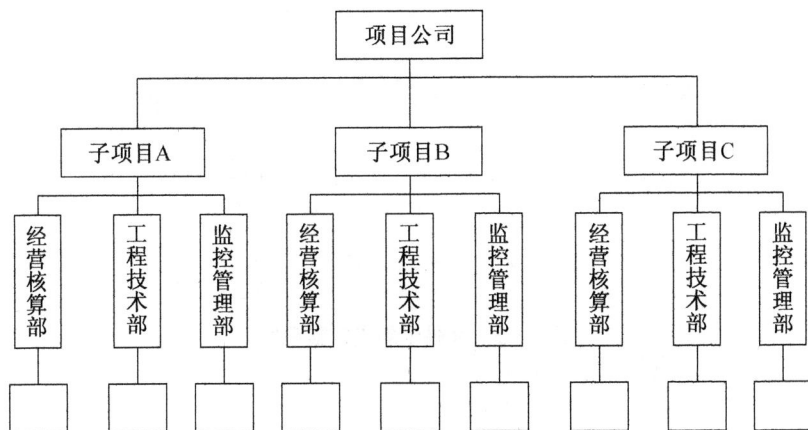

**图 8-1　线性组织结构图**

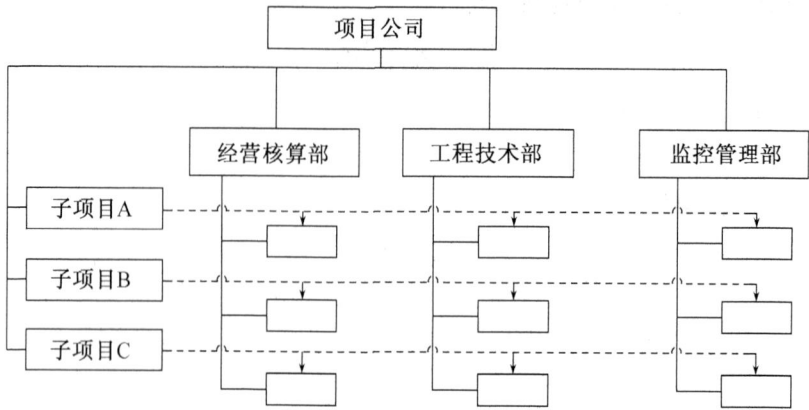

图 8-2  矩阵组织结构图

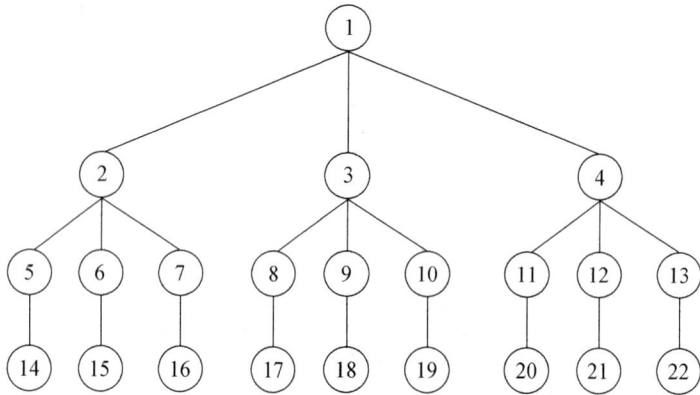

图 8-3  线性组织结构信息图

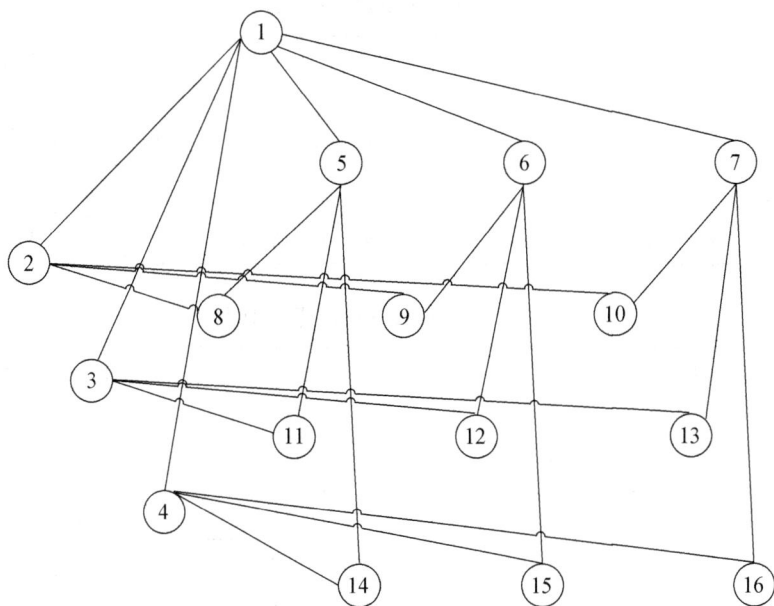

图 8-4 矩阵组织结构信息图

## 8.4.1 有序度比较分析

利用已构建模型分别计算这两种组织结构对应的时效和质量,得到表 8-1、8-2、8-3 和 8-4。

表 8-1 线性组织结构的时效计算

| 联系长度 | $P_1(ij)$ | 联系符号 | 合计 | 微观态 |
|---|---|---|---|---|
| 1 | 1/84 | 1—2  4,2—5  7,3—8  10,4—11  13,<br>5—14  13—22 | 21 | 21 |
| 2 | 2/84 | 1—5  13,2—14  16,3—17  19,4—20  22 | 18 | 36 |
| 3 | 3/84 | 1—14 22 | 9 | 27 |
| 合计 | 1.0 | $H_{1m}=4.431$,$H_1=3.781$,$R_1=0.147$ | 48 | $A_1=84$ |

**表 8-2　矩阵组织结构的时效计算**

| 联系长度 | $P_1(ij)$ | 联系符号 | 合计 | 微观态 |
|---|---|---|---|---|
| 1 | 1/42 | 1—2　7，2—8　10，3—11　13，4—14　16，5—8，11，14，6—9，12，15，7—10，13，16 | 24 | 24 |
| 2 | 2/42 | 1—8　16 | 9 | 18 |
| 合计 | 1.0 | $H_{1m}=3.738$，$H_1=3.441$，$R_1=0.079$ | 33 | $A_1=42$ |

**表 8-3　线性组织结构的质量计算**

| 联系幅度 | $P_1(ij)$ | 联系符号 | 合计 | 微观态 |
|---|---|---|---|---|
| 1 | 1/42 | 14　22 | 9 | 9 |
| 2 | 2/42 | 5　13 | 9 | 18 |
| 3 | 3/42 | 1 | 1 | 3 |
| 4 | 4/42 | 2　4 | 3 | 12 |
| 合计 | 1.0 | $H_{2m}=3.738$，$H_2=2.966$，$R_2=0.207$ | 22 | $A_2=42$ |

**表 8-4　矩阵组织结构的质量计算**

| 联系幅度 | $P_1(ij)$ | 联系符号 | 合计 | 微观态 |
|---|---|---|---|---|
| 2 | 2/48 | 8　16 | 9 | 18 |
| 4 | 4/48 | 2　7 | 6 | 24 |
| 6 | 6/48 | 1 | 1 | 6 |
| 合计 | 1.0 | $H_{2m}=3.871$，$H_2=2.694$，$R_2=0.304$ | 16 | $A_2=48$ |

再分别计算两类组织结构的有序度，得到表 8-5。

**表 8-5　两类组织结构的有序度计算（设 $\alpha=\beta=0.5$）**

| 组织结构类型 | 时效熵 $H_1$ | 质量熵 $H_2$ | 时效 $R_1$ | 质量 $R_2$ | 有序度 $R$ |
|---|---|---|---|---|---|
| 线性组织结构 | 3.781 | 2.966 | 0.147 | 0.207 | 0.177 |
| 矩阵组织结构 | 3.441 | 2.694 | 0.079 | 0.304 | 0.192 |

由表 8-5 的结果可知，矩阵组织结构的有序度大于线性组织结构，而线性组织结构的时效较矩阵组织结构更优，矩阵组织结构的质量较线性组织结构更优。所以，从信息的角度，两类组织结构各具优势。

## 8.4.2　柔性度比较分析

利用已构建模型分别计算这两种组织结构对应的柔性度,得到表 8 - 6 和 8 - 7。

**表 8 - 6　线性组织结构柔性度计算**

| 联系长度 | 变化联系数 | $P(ij)$ | 联系符号 | 合计 | 变化微观态 | 总微观态 |
|---|---|---|---|---|---|---|
| 2 | 1 | 1/330 | 2—3,2—4,3—4,5—6,5—7,6—7,8—9,8—10,9—10,11—12,11—13,12—13 | 12 | 12 | 24 |
| 4 | 3 | 3/330 | 5—8　13,6—8　13,7—8　13,8—11　13,9—11　13,10—11　13,14—15,14—16,15—16,17—18,17—19,18—19,20—21,20—22,21—22 | 36 | 108 | 144 |
| 6 | 5 | 5/330 | 14—17　22,15—17　22,16—17　22,17—20　22,18—20　22,19—20　22 | 27 | 135 | 162 |
| 合计 | | | $H_m=5.799,H=3.463,R=0.403$ | | | $A=330$ |

**表 8 - 7　矩阵组织结构柔性度计算**

| 联系长度 | 变化联系数 | $P(ij)$ | 联系符号 | 合计 | 变化微观态 | 总微观态 |
|---|---|---|---|---|---|---|
| 2 | 1 | 1/138 | 2—3　7,3—4　7,4—5　7,5—6,5—7,6—7,8—9,8—10,8—11,8—14,9—10,9—12,9—15,10—13,10—16,11—12,11—13,11—14,12—13,12—15,13—16,14—15,14—16,15—16 | 33 | 33 | 66 |
| 4 | 3 | 3/138 | 8—12,8—13,8—15,8—16,9—11,9—13,9—14,9—16,10—11,10—12,10—14,10—15,11—15,11—16,12—14,12—16,13—14,13—15 | 18 | 54 | 72 |
| 合计 | | | $H_m=4.927,H=2.677,R=0.457$ | | | $A=138$ |

　　由表 8−6 和 8−7 可知,矩阵组织结构的柔性度大于线性组织结构。所以,从信息的角度,矩阵组织结构对外界环境变化的适应性要比线性组织结构强一些。

# 第9章　大型工程柔性组织冲突分析

## 9.1　工程冲突

### 9.1.1　冲突内涵

从现阶段对冲突的研究来看,对冲突的概念有两种观点,一种是将冲突定义成一种状态,也就是参与方由于目标、情感、认知等方面的不同而呈现出的一种对立的状态;另外有观点认为冲突是一个过程,是参与者在目标、情感、认知等方面不同而产生矛盾的过程。冲突是一个过程的观点得到了更多的理论支持,包括罗宾斯的组织行为学理论以及奥曼和谢林都有所提及。考虑到大型工程的工期较长的特点,在大型工程的全生命周期中,工程建设的阶段较多,更加适用于过程理论,因此本文认为冲突是一种过程,冲突的产生是源于利益相关的参与方组织和成员之间、成员和成员之间以及组织之间因为差异包括目标、情感、认知等的不同而产生矛盾呈现出对立的一个过程。

在大型工程的建设过程中,会涉及很多参与方,也就有很多不同的利益主体,包括业主、承包商、施工方、监理方、设计院、政府部门等。大型工程中的各个利益主体拥有不同的资源,包括人力、物力以及信息等。由于大型工程项目实施时间较长、涉及的参与者众多等,冲突往往通过目标、人力资源、管理程序、组织的控制权、子项目的优先权等方面呈现出来。大型工程的建设过程中涉及的各个利益主体也就是参与方利用自己所拥有的资源对大型工程的建设做出的贡献来获得一定的收益。因此这些参与者所拥有的资源就是他们所获得收益的主要影响因素,所以从这个角度来讲,大型工程冲突也可以定义为工程建设主体之间由于自身所拥有的资源差异造成的在工程建设过程中的地位差异而产生矛盾的过程。从这个层面而言,大型工程冲突包含了主体之间的冲突。

综合现有的研究和分析,由于大型工程工期长、项目复杂程度高,单个建设方的力量是有限的,因此大型工程的建设需要多方合作进行,也就需要拥有各类资源的参与者进行合作,这时战略联盟也就形成了。联盟的成员拥有不同的资源也就是能力,联盟成员的收益和工程建设的主体相比更加取决于自身所拥有的资源对工程建设成功的贡献程度。联盟成员独立负责工程建设项目中的子任务,因此联盟中的成员出于对自身利益的考虑,更加注重自身拥有的能力与被分配到的子任务的匹配程度,每个成员都希望实现最好的匹配度以获得更高的利益,正是这种对自身利益最大化的追求,每个成员都希望去完成与自身能力匹配度较高的任务,联盟成员之间的冲突也就随之产生。从这个角度出发,大型工程冲突除了主体间的冲突之外,还存在着战略联盟成员之间的冲突。

因此大型工程冲突的定义就变成了工程建设的参与主体以及主体内部成员之间由于差异而造成的在工程建设过程中的地位和需求的差异而产生矛盾的过程,这一差异不仅仅包含资源差异也包括目标、情感、认知等其他方面。根据这一定义,大型工程中的冲突的消解和协调也可以从主体之间以及主体内部两个层面来进行,根据不同层面的特点进行冲突协调,将更加具有实践意义,为大型工程的建设提供理论支持。

### 9.1.2 冲突形成过程

大型工程建设过程中,冲突实为主体之间或者主体内部由于差异而产生矛盾的过程。从冲突是一个过程而不是一个状态出发,冲突的协调并不是对最终产生矛盾的状态进行协调和解决,冲突的协调应当是随着冲突产生的过程而一直存在,贯穿冲突产生的全过程。将冲突的解决视作是对最终呈现出矛盾的状态的解决对大型工程的影响将是多个方面的,不仅仅会影响到工程的质量、工期,影响到工程项目的成功,甚至会使得原本很小的冲突随着工程项目的进行逐渐被放大,最终造成无法挽回的损失,因此对冲突的协调需要从冲突产生的过程来进行,因而分析冲突产生的过程尤为重要。

从冲突的定义可以看出,冲突的形成过程也就是矛盾产生的过程,从矛盾产生的根源到这一根源被主体意识到,参与的主体开始对矛盾进行分析,之后矛盾开始显现出来并一直到最后矛盾结束。将这一过程表现出来就是如图9-1的过程。在工程项目的进行过程中,可以根据冲突所处的阶段进行判断,并根据该阶段冲突来源进行分析并实施有效的冲突协调措施。

潜在冲突阶段意味着冲突者的萌芽，在这一阶段，冲突并未成型。这一阶段主要表现为冲突开始发生的条件。这些条件的存在不意味着冲突必然会发生，但能够导致冲突的前提已经具备。

**潜在冲突阶段**

冲突的主体有了对潜在冲突的认知，感受到冲突发生的可能性。各主体会对目前的状况进行分析，分析冲突是否会发生并且开始分析冲突可能呈现出的性质和特征。冲突发生的主体的对冲突的认知，对冲突可能发生而产生紧张，冲突的由于冲突可能发生的过程也开始逐渐清晰。

**冲突认知阶段**

每个主体开始划分界限，对主体之间订立的合同的依赖性降低，开始观察其他利益相关主体的行为，并对当前的冲突进行分析，产生属于自己的定义。主体根据对冲突分析后的结果形成的类型、性质、特征等进行分析以及在各种情形下的处理方法。

**冲突感受阶段**

冲突主体制定策略后，冲突过程呈现短暂的平衡，同时观察其他主体的行为，当有参与者将感知到的冲突相应的行为，出来或者产生相应的行为，平衡被打破。

主体根据感受阶段的分析及其他主体的行为方式及其他主体的行为方式，选择扩大冲突还是对冲突进行处理，这一行为于重大工程建设的全生命周期的关系，同物价大工程建设的强度也有着较大的关系，参与者面对冲突的行为不仅与自身及其他主体有关，也与当前所处工程建设阶段有关。

**行为冲突阶段**

冲突主体判断冲突发生的可能性，假设自身发生后的情形，分析自身策略。

能够引发冲突的前提发酵成熟或者条件之间存在不一致。

**冲突结果阶段**

冲突当事人实施了一定的行为或策略之后；最终会呈现出一个结果。

每个冲突主体针对当前的冲突采取了一定的措施之后，冲突最终的状态或是一些主体之间达成妥协，一部分主体在参与主体间达成妥协成功，失败还是妥协并非最终冲突的短期冲突反应，冲突的结果又随着冲突过程的不同结束，又为下一个冲突过程提供了条件。

前一轮冲突的结束也是新一轮冲突的萌芽

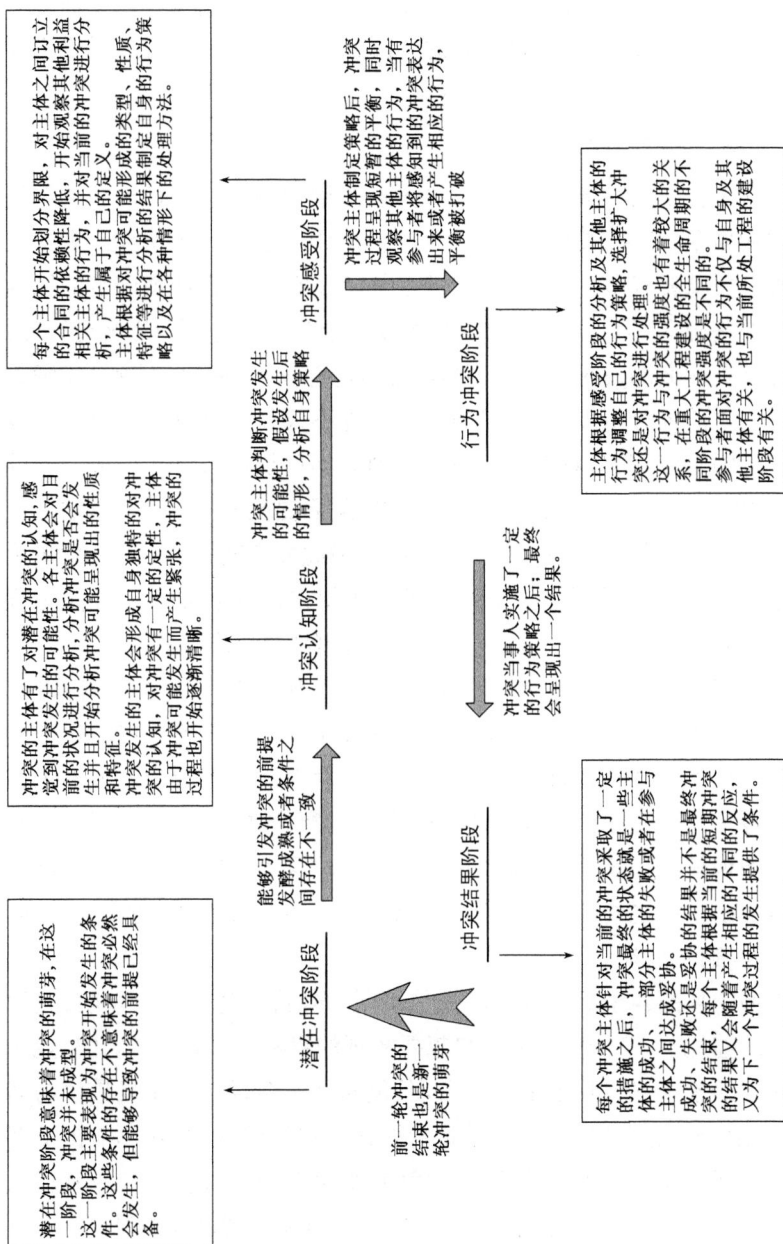

**图 9 - 1　冲突的形成过程**

从冲突形成的过程分析来看,冲突是一个动态的过程,冲突一般都会经过这些阶段但这并不是固定的模式,在不同的情形下,冲突经历的阶段并不一致,冲突的过程跟工程项目所处的阶段息息相关,是一个复杂的动态变化的过程。

### 9.1.3 冲突形成原因

大型工程中的冲突不可避免,对大型工程中的冲突进行治理关系到大型工程的质量、工期、绩效等决定工程成功的各个方面。对大型工程冲突进行管理至关重要,而对冲突进行管理必须建立在对工程冲突产生的原因进行分析的基础上,只有对工程冲突的性质、类型、产生原因及影响进行分析,才能够预见冲突的发生,并对将要发生的冲突进行协调,从而保证工程的顺利进行。之前的分析提到,工程冲突的治理不仅仅与冲突的阶段有关也与工程建设的阶段有关,对工程冲突的治理并不仅仅局限于从造成冲突的原因出发,更加应当考虑到工程冲突的强度,从而提出有效的治理方法。

大型工程参与者众多,项目复杂性高,因此冲突问题的研究也就更为复杂。根据之前的分析,大型工程中的冲突主要包括两个层面,一个是工程参建主体之间的冲突,另一个是施工合作联盟内部成员之间的冲突。

大型工程主体间冲突产生的原因很多,客观原因是参建单位间的依赖性。这里指的是,一个参建单位的成功依赖于另一个参建单位的任务的成功,正是由于这一关系的存在使得主体之间存在相对的权力。大型工程建设中的各参与方是在订立合同的基础上来进行合作的,相对的强势会破坏合同下的信任和和睦关系,导致冲突的产生。根据现有学者的研究,在项目建设过程中主体之间的冲突产生的主要原因有目标不一致、地位不对等、信任缺失、沟通不畅等。

大型工程的各个参与方代表的是不同的经济主体,在工程项目整体目标一致的前提下,各个参与方各自想要实现的目标是不相同的,比如业主希望用较少的投入来得到较多的产出,承包商并不会以工程质量最佳为其目标,相反地,承包商只会要求工程质量得到基本的保证,并在此前提下获得最大的利润。在大型工程的建设过程中,每个参与者都会从自身利益的角度出发,当参与者过多地看重自身的利益,并且参与者之间的目标存在一定的相斥性,在这样的情况下冲突就会产生。

这一委托代理关系及每个参与方拥有的资源不同使得每个参建单位间

的关系在现实里并不是平等的。从参与工程建设的主体来看,业主委托施工方进行工程建设并且委托监理方对施工方进行监督,如图 9-2 所示。一方面,业主方拥有对施工承包商的选择权,具有相对强势的地位。另一方面,业主方拥有资金,承包商从自身的生存和利润出发会在一定程度上迎合业主,处于相对劣势的地位。这样地位的倾斜会促使业主在工程建设的过程中对施工方进行权力倾轧,从而引发冲突。

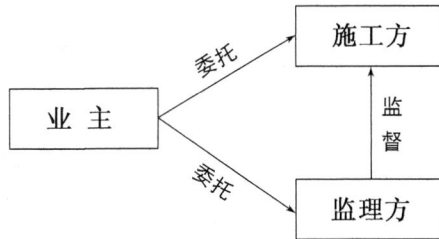

**图 9-2　工程主体间的委托代理关系**

工程建设涉及多个主体,每个参与主体获得信息的渠道不同,获得的信息也会有所差异,参与主体之间信息的差异会导致参与主体对事情的认知有所不同,在此基础上,众多主体之间的沟通不畅更加会导致认知差异的扩大和误会的累加。参与主体获取的信息的差异以及信息传递过程中的准确性的不同造成了工程建设主体之间的误会的累积,导致冲突的产生。

### 9.1.4　冲突影响分析

侯学良(2006 年)在对冲突事件的研究中发现其具备多属性特征。侯学良选取了 169 份样本进行研究,从工程建设全生命周期的角度出发,总结出了在工程生命周期的不同阶段所发生冲突的种类和频率。他在研究中将工程建设过程中的冲突源分为六类,并对冲突源进行聚类分析,认为协调、组织和资源三个方面是主要的冲突源。相应地,有效的协调、完善的组织结构以及合理资源配置是冲突解决的重点。

侯学良还对冲突强度进行了研究,并提出冲突事件在工程全生命周期里是逐渐变化的,在施工阶段达到最高峰,如图 9-3 所示。本文也将以施工阶段为对象,研究工程中的冲突的协调机制。侯学良还对各个阶段各种冲突的强度进行分析,得出了相应的结论,在决策阶段的冲突主要变现为决策效率的低下,在准备阶段主要是相关组织间合作的问题,而在工程施工阶段,主要体现在资源短缺和配置不当的问题上,并且资源问题引发的冲突会导致质量下降、进度拖延等问题,在结束阶段冲突主要集中在阶段和验收方面。也就是说由资源引发的冲突是工程项目建设过程中的主要冲突。

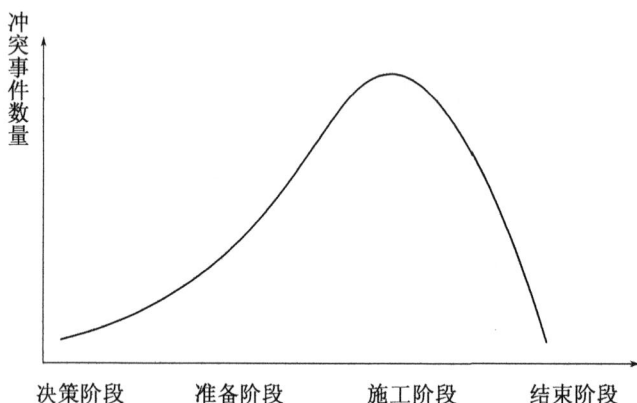

**图 9-3 工程全生命周期中的冲突分布**

在工程建设的过程中,冲突是客观存在的,我们不能回避这些冲突的存在,应当对这些冲突进行协调,这对工程建设来说也有着积极的意义,从另一方面而言,如果冲突得不到及时的解决将对工程建设,包括对工程质量、工程进度、社会舆论等各个方面产生不利的影响。

在工程建设的过程中,冲突的存在会影响到工程建设参与方的心理状态,长期的对立状态会造成参与者的焦虑,而这样的情况会引起参与者之间的合作气氛被破坏,同时大型工程的工期又较长,这样的情况对大型工程的长期建设是有害的。工程项目的建设主体之间的冲突则会导致群体决策的失误,冲突的存在使得主体更加关注于自身利益而忽视整体利益,工程决策也会因此进入错误的局面。总体而言,工程建设参建单位之间的冲突和对立会破坏参建单位之间的合作氛围,当工程建设的参与者之间呈现出这样的状态时,如果得不到有效的协调,将会导致合作关系的破裂并最终引起工程质量、工程进度以及整体目标的失败。

工程建设中的冲突如果得不到有效的协调和处理,对工程建设的消极影响显而易见,但是冲突的存在并不仅仅是消极的,在有效的冲突治理机制下,冲突有着一定的积极意义。冲突能够激励参与工程建设的参与者之间进行沟通、交流,共同解决问题,对工作进行改进,在这样的学习氛围下,组织会更有活力,组织之间的合作关系也将更加坚固,所有的参与者都以整体利益为重,不仅仅有利于工程目标的实现,组织的管理也将更加有效。因此,冲突影响的好坏取决于冲突治理机制是否有效。

## 9.2　柔性组织冲突系统

### 9.2.1　概述

对于大型工程中冲突产生的原因每个学者都有不同的观点,冲突产生的原因主要有目标不一致、地位不对等、信任缺失、沟通不畅,这些导致冲突产生的因素被学者区分为三个主要类别,包括组织类、协调类和资源类。现有的对引起大型工程冲突的原因的研究大多数是从整体而言,更多的是从宏观角度出发,对大型工程中的冲突进行概述,本章会在前人研究的基础上,从大型工程参与的主体以及构成主体的联盟内部两个层面出发,深入分析引发冲突的原因。

从大型工程参与施工的主体的角度出发,参考现有学者的研究以及对大型工程案例的实际分析,并对现有研究进行归纳汇总,发现目标不一致和地位不平等是主体之间冲突产生的主要原因,在解决这些问题的基础上构建良好的信任和沟通机制就是冲突协调机制所研究的问题。从组织、协调和资源三类冲突源的角度来说,冲突协调机制也就是在解决资源问题的过程中构建出的能够有效实现组织和协调的有效性的机制。因此,大型工程主体间的冲突问题产生的原因也就简化为主体之间希望实现的目标和完成的产出不同以及每个主体拥有的资源不同而造成的收益不同两个方面,在本部分会对这两个方面的原因进行深入阐述。

### 9.2.2　目标冲突

大型工程中各个参与方代表不同的经济主体,在保证工程的质量、工期和投资三大整体目标的前提下,各个参与方基于对自身利益的考虑,会有各自想要实现的目标,主要包括投入产出和资源运用两个方面的目标。

在投入产出方面,业主希望用较少的投入来得到较多的产出,承包商并不会以工程质量最佳为其目标,相反地,承包商只会要求工程质量得到基本的保证,并在此前提下获得最大的利润。在大型工程的建设过程中,每个参与者都会从自身利益的角度出发,当参与者过多地看重自身的利益,并且参与者之间的目标存在一定的相斥性,在这样的情况下,冲突就会产生。

在资源的运用方面,由于资源作用的不同,每个参建单位在资源配置方面的注重点也会有所差异。业主关注的是工程核心资源的累积和培育,承包商关注的是现有资源能够得到充分的发挥,资源运用目标的不一致会让各个参与方都希望能够获得资源配置的支配权,在支配权争夺的过程中,冲突也就随之产生,但是资源支配权的争夺又是由参与方自身所拥有的资源的质量所决定的,资源支配权的争夺是一个复杂的过程。

### 9.2.3  战略资源冲突

在大型工程的建设过程中,会涉及很多参与方即很多不同的利益主体,包括业主、承包商、施工方、监理方、设计院、政府部门等。在大型工程的建设过程中,涉及的每个利益主体都拥有不同的资源,包括人力、物力以及信息等。而在大型工程的建设中,一方面每个主体运用自身所拥有的资源从工程的建设中获得相应的收益,另一方面,每个主体所拥有的资源也代表着该主体自身在工程建设过程中的话语权,也就是说,拥有更为重要更为独特的资源的参与者在工程建设过程中的地位相对强势,而所拥有的资源可替代性较高的参与者处于相对弱势的地位,每个主体拥有的独特的资源也就是战略资源决定着主体本身在工程建设过程中的地位和收益。

工程建设过程中的委托代理关系的存在以及参与方所拥有的资源的不同使得业主、施工方和承包商的关系在现实中并不是平等的。从工程建设的主体来看,业主委托施工方进行工程建设并且委托监理方对施工方进行监督。一方面,业主方拥有对施工承包商的选择权,具有相对强势的地位。另一方面,业主方拥有资金,承包商从自身的生存和利润出发会在一定程度上迎合业主,处于相对弱势的地位。这样的倾斜会促使业主在工程建设的过程中对施工方进行权力倾轧从而引发冲突。从本质上说,资金也是一资源,这样的关系实质上也是参建方拥有的资源的差异所导致的冲突。

从以上的分析能够看出,在工程施工过程中,资源的拥有意味着优先权和地位,而资源质量的高低则决定着优先权的先后和地位的高低,这里的资源并不是普通意义上的资源,而是能够决定参加者地位的每个参建主体所特有的资源,也就是战略资源。正是由于战略资源对工程建设的重要性和不可替代性以及战略资源的稀缺性才使得战略资源在工程建设过程中对参建主体的收益和地位有着决定意义。由于战略资源具有能够带给参建者一定的利益的属性,并且每个参建者所拥有的战略资源会在工程建设的过程中形成主体所拥有的一种权益,这种权益的产生使得参建主体在博弈的过程中由于相对地位和收益的差异而产生冲突,这时就需要有一定的制度来化解这一冲突,本文中把这种权益称作行动权。

从这个意义上来说,大型工程的冲突协调机制就是参建主体间基于行动权进行博弈的结果,有效的冲突协调机制能够引导参建主体之间的博弈走向好的方向。基于目标和资源两个方面的冲突源,目标不一致引发的冲突更多的消解方法是在于组织和协调的层面,因而冲突协调机制的设计需要在有效解决资源冲突的基础上兼顾参建主体的目标和收益。

## 9.3　柔性组织冲突分析

### 9.3.1　业主和承包商冲突分析

本文主要研究的是施工过程中的冲突的协调机制,从上文的分析可以看出,冲突协调机制的构建需要以主体间基于战略资源的博弈为基础来进行。在大型工程的建设过程中,涉及的主体主要有业主、施工方、监理方以及审计和设计单位,考虑到由于相对地位和收益产生的冲突也就是基于战略资源的博弈主要发生在业主和施工承包方之间,因此本章基于大型工程建设主体之间的冲突分析模型主要从业主和承包商的角度出发。

1. 模型参数和假设

本部分主要建立业主和施工承包商之间的冲突分析模型,从业主和承包商两个主体在工程建设过程中投入的战略资源的角度出发,分析两个主体战略资源的投入对工程建设目标的影响。模型中涉及的参数主要如下。

$R_1$:业主在工程建设过程中投入的战略资源

$R_2$:承包商在工程建设过程中投入的战略资源

$R$:业主和承包商拥有的战略资源的总量

$r_1$:业主在工程建设过程中投入的其他资源

$r_2$:承包商在工程建设过程中投入的其他资源

$L_1$:业主获得的产出

$L_2$:承包商获得的产出

$f$:业主的投入与产出函数

$g$:承包商的投入与产出函数

$a_1$、$a_2$:业主和承包商单位产出的价值,$a_1$、$a_2$均为大于等于零的常数且不同时为 0

$b_1$、$b_2$:业主和承包商单位投入的价值

$W$:参建主体的收益函数

在大型工程的施工过程中,业主和承包商之间合作的同时也面临着利益的冲突,业主的行为会影响到承包商的行为决策,承包商的行为也影响着业主的决策,也就是说在工程建设中,业主和承包商之间的博弈行为是受到对方行为的影响的,这在经济学上也被称为溢出效应。溢出效应是指一个组织在进行某项活动时,不仅会产生活动所预期的效果,而且会对组织之外的人或社会产生影响。引申到工程建设项目中就是业主的行为会对承包商的行为和收益造成影响,而承包商的行为也会影响到业主的收益和行为。之前的分析也已经提到,参建单位所拥有的战略资源决定着参建主体在工程建设中的相对地位和收益水平,也就是说在工程建设中,参与主体通过关键要素也就是战略资源的投入来获得收益。基于以上的分析,本章提出以下假设。

假设 1:参建主体是理性的。

假设 2:在大型工程的建设过程中,业主和承包商之间的溢出效应是单向的。

假设 3:工程参建主体的收益通过要素的投入来获得。

假设 4:为方便计算,业主和承包商单位投入的价值相同,也就是 $b_1 = b_2$,用 $b$ 来表示。

假设 5:参建主体的投入产出存在边际效益递减的特性。

2. 模型建立和分析

大型工程建设过程中,参建主体的行为具有溢出效应的特征,对业主和承包商而言,假设业主的行为对承包商的行为有溢出效应,也就是说承包商的行为会受到业主的影响,并且这种影响是单向的。业主在工程建设过程中会投入一定的资源包括战略资源和其他资源来获得一定的产出,在这个过程中业主获得的产出与他投入的资源的多少有关,这一产出可以表示与

投入的资源相关的函数,并且当业主投入的战略资源为 0 时,业主获得的产出也为 0,这一关系可以表示为:

$$L_1 = f(R_1, r_1), f(0, r_1) = 0;\qquad(9.1)$$

之前的分析已经提到,随着战略资源投入的增加会使得参建主体产出的增加,根据假设 5,产出与投入之间存在着边际效益递减的关系,因此有:

$$\partial f / \partial R_1 > 0, \partial^2 f / \partial^2 R_1 < 0.\qquad(9.2)$$

在工程建设的过程中,参建主体收益的增加主要取决于战略资源投入的增加,因此,在业主的投入产出关系的表达式中,业主的产出 $L_1$ 主要由战略资源的投入 $R_1$ 决定,因此(9.1)式和(9.2)式可以简化为:

$$L_1 = f(R_1), f(0) = 0;\qquad(9.3)$$

$$f' > 0, f'' < 0.\qquad(9.4)$$

(9.3)式和(9.4)式对原始的投入产出函数进行了简化,忽略了业主投入的其他资源对产出的影响,强调了战略资源的重要性以及战略资源对业主收益的决定作用,能够更加直观地显示出战略资源投入与业主的产出之间的关系。

在假设 2 中提到,在工程建设过程中业主和承包商之间存在溢出效应,也就是业主的行为会对承包商的行为以及产出造成影响,并且假设这种影响是单向的,这种影响反映在承包商的投入产出函数中就是承包商的产出不仅仅与承包商自身投入的战略资源和其他资源有关,也与业主的行为有关,业主的行为对承包商产出的影响可以理解为是业主获得的收益会对承包商造成一种相反的效果,也就是业主通过运用资源获得产出 $L_1$,业主获得产出这一行为能够为业主带来正收益,在为业主带来正收益的同时,也会为承包商带来负收益,也就是说业主获得产出的行为对于承包商来说是一种负投入,这一关系在数学层面上可以表示为:

$$L_2 = g(L_1, R_2, r_2), g(L_1, 0, r_2) = 0;\qquad(9.5)$$

随着战略资源投入的增加,承包商的产出也在随之增加,并且业主的产出会影响到承包商的收益,业主获得产出的行为对承包商而言相当于负的投入,另外考虑到边际效应递减,有:

$$\partial g / \partial R_2 > 0, \partial^2 g / \partial^2 R_2 < 0, \partial g / \partial L_1 < 0.\qquad(9.6)$$

与业主的产出相同,承包商的产出主要由其投入的战略资源 $R_2$ 决定,并且考虑到业主对承包商的溢出效应,承包商的产出函数可以简化为:

$$L_2 = g(L_1, R_2), g(L_1, 0) = 0; \tag{9.7}$$

将(9.3)式代入到(9.7)式中,有:

$$L_2 = g(f(R_1), R_2). \tag{9.8}$$

由于 $f(R_1)$ 是只关于参数 $R_1$ 的函数,因此可以对式(9.8)进行简化,运用另外一个关系函数 $h(x)$ 来表示承包商的产出与投入的关系,(9.8)式可以表示为:

$$L_2 = g(f(R_1), R_2) = h(R_1, R_2). \tag{9.9}$$

在(9.9)式中,参考之前的关系函数 $g(x)$,可以得出业主和承包商的投入与承包商的产出之间的关系:

$$h(R_1, 0) = 0, \partial h/\partial R_2 > 0, \partial^2 h/\partial^2 R_2 < 0, \partial h/\partial R_1 < 0. \tag{9.10}$$

在大型工程的建设过程中,业主和施工承包商的冲突主要来自主体间的目标不一致和由战略资源引起的地位和收益的不同,尽管两个参与者之间各自的目标是存在分歧的,但是整个工程整体的目标是一致的,希望业主和承包商之间的总的产出价值是最大的,这一整体目标也是对工程建设过程中的冲突进行协调和消解的基础。根据业主和承包商的产出函数以及产出价值系数,要实现业主和承包商之间的最优配置需要满足的条件是:

目标函数:$\text{Max} \quad a_1 L_1 + a_2 L_2$,也就是 $\text{Max} \quad a_1 f(R_1) + a_2 h(R_1, R_2)$;

$$\tag{9.11}$$

约束条件:$\qquad R_1 + R_2 \leqslant R, R_1 \geqslant 0, R_2 \geqslant 0. \tag{9.12}$$

根据上述目标函数和约束条件,要使得业主和承包商的产出价值都达到最优,以及资源得到合理的配置,这样的 $R_1$ 和 $R_2$ 需要满足的条件有:

$$\partial f(R_1)/\partial R_1 + \partial h(R_1, R_2)/\partial R_1 = \partial h(R_1, R_2)/\partial R_2, R_1 + R_2 = R.$$

$$\tag{9.13}$$

业主和承包商的产出的价值意味着他们能够得到的整体收益,另外还要考虑到业主和承包商投入的战略资源的价值,因此,业主和承包商的整体收益可以表示为:

$$W = a_1 f(R_1) + a_2 h(R_1, R_2) - b(R_1 + R_2). \tag{9.14}$$

对业主和承包商的整体收益进行求导,可以得到:

$a_1 \partial f(R_1)/\partial R_1 + a_2 \partial h(R_1, R_2)/\partial R_1 = b, a_2 \partial h(R_1, R_2)/\partial R_2 = b$;

对这一结果进行综合,也就是:

$$a_1 \partial f(R_1)/\partial R_1 + a_2 \partial h(R_1, R_2)/\partial R_1 = a_2 \partial h(R_1, R_2)/\partial R_2 = b. \tag{9.15}$$

根据之前的部分中已经提到的,溢出效应在工程建设的过程中是客观存在的,业主和承包商都希望实现自身利益的最大化,在这样的情况下,对业主和承包商的收益进行分析,他们各自的收益可以表示为:

$$W_1 = a_1 f(R_1) - bR_1, W_2 = a_2 h(R_1, R_2) - bR_2. \qquad (9.16)$$

根据业主和承包商的自身收益公式可以得到业主和承包商自身收益达到最优的条件:

$$a_1 \partial f(R_1)/\partial R_1 = b, a_2 \partial h(R_1, R_2)/\partial R_2 = b$$

也就是:

$$a_1 \partial f(R_1)/\partial R_1 = a_2 \partial h(R_1, R_2)/\partial R_2 = b. \qquad (9.17)$$

将(9.15)式和(9.17)式进行比较,可以发现 $a_2 \partial h(R_1, R_2)/\partial R_2 = 0$ 时满足条件,也就说明在不考虑业主和承包商之间的溢出效应时,(9.17)式才能成为两个参与方整体收益最大化的条件。也就能根据这一结果得出结论,在工程建设的过程中,如果参与工程建设的主体之间采取的策略是不合作,每个参与工程建设的主体都以自身利益最大化为目标,那么参与工程建设的主体就达不到整体收益最优的目标。

在工程建设的过程中,为了避免这一现象的发生给工程建设带来损失,就需要有一定的制度来避免这一行为的产生。在这样的制度中,需要对参与主体的行动权做出界定,本文之前的部分也已经提到,行动权的产生是由于资源的质量差异引起的,在这样的制度中,行动权的合理配置能够有效减少主体之间的溢出效应,减少溢出效应对工程建设整体收益的影响,促进整体最优的实现。

## 9.3.2 业主和承包商收益分析

在工程建设的过程中,参建主体拥有的资源不同,因而参建主体在工程建设过程中的相对地位和话语权也不同,强势的一方会对其他主体造成影响,参建主体的行动权就由于拥有的资源不同而形成的实力的差别,这种差别可以影响主体的行为,这也是主体之间产生溢出效应的原因,溢出效应的减少能够有利于工程建设整体目标的实现。

另外,根据上文对业主和承包商之间的冲突模型进行的分析可以看到,除了参建主体的行动权对整体收益实现有一定的影响外,业主和承包商达不到帕累托最优,而且参与工程建设的主体之间不选择合作策略,以自身利益最大化为目标不利于工程整体利益最优的实现,会影响到整个工程项目的收益,因此,就需要有一定的机制来限制这一行为的产生,需要引入一定的惩罚和激励以及监管行为来保证参建主体之间的合作,促使参建主体之间的合作向整体最优的方向发展。

**1. 业主和承包商的收益分析**

在工程建设的过程中,参与主体的自身利益会经常与整个工程建设的整体利益产生冲突,参与工程建设的主体之间会进行博弈,这样的情况一般多发生在业主和承包商之间。业主和承包商之间除了合作关系以外还存在着利益上的冲突。对业主和承包商而言,他们之间可能由于相对地位的差异以及对自身利益的追求,会有违规操作、偷工减料以及不及时付款等影响到业主和承包商之间合作的行为,这样的行为对两者之间的合作是不利的,对工程建设整体目标的实现也是有消极影响的。考虑到业主和承包商存在的不利于工程建设总目标和主体之间相互合作的行为,业主和承包商的行为策略可以分为合作和不合作,对业主和承包商在不同的行为策略下的收益进行分析,有利于促使双方的行为向有利于合作和工程建设的方向发展。

为了使计算更为简便,在本文中假设当业主和承包商都选择合作的策略时,将会获得同样的收益 $s$,当业主和承包商都选择不合作时的收益均为 $t$,当一方选择合作而另一方选择不合作时,选择不合作的参与者的收益为 $m$,选择合作的参与者的收益为 $n$,用收益矩阵表示,见表 9-1。

表 9-1　业主和承包商的收益矩阵

| | | 承包商 | |
| --- | --- | --- | --- |
| | | 合作 $B_1$ | 不合作 $B_2$ |
| 业主 | 合作 $A_1$ | $s,s$ | $n,m$ |
| | 不合作 $A_2$ | $m,n$ | $t,t$ |

对业主和承包商的收益矩阵进行研究,并参照前文对业主和承包商行为的分析,为了促使业主和承包商的行为向整体利益最优的方向发展,业主和承包商的收益应当满足一定的条件:

① 当业主和承包商都选择合作的策略时,业主和承包商二者的整体收益最优,当业主和承包商均选择不合作时收益最低,也就是 $2s \geq m+n \geq 2t$;

② 当业主和承包商中有一方选择合作而另一方选择不合作时,选择不合作的一方的收益大于选择合作的参与方,在这样的条件下,才会发生一方

合作一方不合作的情况,另外,选择不合作的参与方的收益大于两者都选择合作时自身所获得的收益,这也就是当业主或承包商一方选择按照合同进行并尽心工作时另外一方发生违规行为或者偷工减料会产生一部分额外的收益,选择合作的参与方利益就会产生损失,小于都选择合作时自身的收益,考虑到这些因素,我们有:$m \geqslant s \geqslant n$,并且当两者都选择不合作时的每个参与者的收益都是最低的,综上有:$m \geqslant s \geqslant n \geqslant t$。

对业主和承包商的行为进行分析,业主和承包商都会经历这样的心理过程,对承包商而言,当业主选择合作时,承包商选择合作能够得到收益 $s$,承包商选择不合作的收益是 $m$,这样承包商出于自身利益的考虑会选择不合作;当业主选择不合作时,承包商选择合作的收益是 $n$,选择不合作的收益是 $t$,承包商会选择进行合作,反之亦然。因此,在业主和承包商博弈的过程中,会出现两个纳什均衡,也就是 $A_1B_2$ 和 $A_2B_1$,但是这两个均衡并不是整体最优的状态,在这一博弈过程中,整体最优的状态是 $A_1B_1$。

对收益矩阵的分析我们可以得到这样的结论,在业主和承包商的博弈过程中,存在着两个纳什均衡和一个帕累托最优,但是在两个均衡点下,业主和承包商的收益一个是 $m$,一个是 $n$,二者之间相差较大,并且这两个均衡点也达不到帕累托最优,因此,我们需要设计一定的机制,引导业主和承包商之间的均衡向新的均衡也就是帕累托最优的位置发展。也就是说,本文通过这一机制的设计能够使得业主和承包商能在帕累托最优的位置上实现稳定的均衡,为了实现这一目标,需要引入一定的惩罚和激励机制,促使业主和承包商的行为策略向合作共赢的方向发展。

2. 其他因素的引入

根据上文的分析,我们可以发现业主和承包商之间的均衡并不是整体利益最优的位置,并且这一均衡下,业主和承包商的收益差异较大,业主和承包商之间并不是一个稳定的状态,不能很好地消解冲突,反而会由于较大的差异使得业主和承包商之间的冲突加剧,因此在本节中会引入一定的惩罚和激励机制,促进业主和承包商的行为向稳定而有利的方向发展。

出于对引导业主和承包商向合作的方向发展的考虑,本文对有利于向合作方向发展的行为进行奖励,同时对不利于均衡向合作方向发展的行为进行惩罚,假设对合作有贡献的行为提供奖励为 $x$,对起消极作用的行为进行惩罚为 $y$,这样业主和承包商的收益矩阵就变为表 9-2。

表 9 - 2 业主和承包商的收益矩阵

| | | 承包商 | |
| --- | --- | --- | --- |
| | | 合作 $B_1$ | 不合作 $B_2$ |
| 业主 | 合作 $A_1$ | $s, s$ | $n+x, m-y$ |
| | 不合作 $A_2$ | $m-y, n+x$ | $t-y, t-y$ |

根据之前的分析,要能够实现引导业主和承包商向合作的方向发展,对承包商而言,当业主选择合作时,承包商选择合作的收益 $s$ 应当大于选择不合作的收益 $m-y$,当业主选择不合作时,承包商选择合作的收益 $n+x$ 应当大于选择不合作的收益 $t-y$,反之亦然,因此引入的惩罚和激励因素需要满足的条件为:

$$s \geqslant m-y, n+x \geqslant t-y。 \tag{9.18}$$

由于 $n$ 大于等于 $t$,因此 $n+x \geqslant t-y$ 是必然成立的,根据以上条件,也就有 $y \geqslant m-s$。除了(9.18)式中提出的条件外,在引入惩罚和激励因素下业主和承包商的收益还应当满足当参与的二者都选择合作时,每个参与者的收益都应当超过有一个参与方选择合作另一个选择不合作时自身选择合作收益,也就是 $s \geqslant n+x$,即 $x \leqslant s-n$。

根据以上的分析,可以得到这样的结论:当满足 $x \leqslant s-n$ 和 $y \geqslant m-s$ 的条件时,业主和承包商能够在 $A_1 B_1$ 的位置上得到纳什均衡,并且这一纳什均衡点也是帕累托最优的状态,当奖励和惩罚满足这些条件时,业主和承包商之间的博弈能够实现稳定双赢,使得双方处于一个合作的状态。当业主和承包商之间达到帕累托最优状态,并且参与工程建设的主体之间选择合作策略,在参与主体以自身利益最大化为目标的情况下能够实现整体利益最大化,保证了整个工程项目的收益,有利于项目整体的有序进行,为大型工程主体之间冲突的协调提供了依据和可能。

## 9.4　柔性组织战略联盟冲突分析

### 9.4.1　概述

现有的研究表明,企业的绩效主要来自于战略资源,由于战略资源的异质性,拥有战略资源的企业会具有一定的优势,但是每个企业所拥有的战略资源是有限的,并不能满足日益复杂的竞争环境,因此有学者提出,企业之间以联盟的方式进行合作能够最大化地利用每个成员所拥有的战略资源,集中成员的优势形成更强大的整体竞争力,使得每个成员获得的收益超过自身拥有的战略资源独立运营时的收益。这种联盟的组建并不仅仅是资源使用效率的提升,更加能够使得联盟中的每个成员相互学习获得更多的资源。不仅仅在企业中联盟的形式有利于自身的发展,对于工程项目而言,大型工程的周期较长,工程的复杂度较高,施工的专业化要求也越来越高,在这样的形势下,单一的承包商很难完成工程建设任务,为了应对这样的需求,更加需要由拥有不同战略资源的承包商组成合作联盟共同承担工程建设工作,这样工程质量能够得到保证,工程建设的效率也能得到有效的提升。当然,这样的联盟不仅仅是一个合作的关系,成员之间也存在着一定的竞争和冲突,成员之间存在着目标不一致、沟通不畅可能引起的误解,以及每个成员对联盟的贡献的评定和收益的分配都有可能导致联盟的冲突和不稳定。本章主要研究工程建设过程中,施工合作联盟的组建过程以及联盟成员间冲突产生的主要原因。

1. 联盟形成

随着大型工程的投资额越来越大,工程建设的复杂度越来越高,单一的施工承包商已经无法满足大型工程建设的需要,这时就需要由多个单位组建成合作联盟,共同承担工程建设项目。合作联盟的组建能够实现成员之间的优势互补,增加整体的竞争力,提高成员的核心竞争力。

施工联盟的组建过程见图9-4,一般是由一个核心企业,在大型工程项目中一般是总承包商,根据工程项目的要求发起的,在准确识别工程项目所需的资源和技术等方面的基础上选择联盟的成员。在联盟中的成员确定之后,联盟的运作是以合作的方式在一定的协议的基础上进行的。在工程实施阶段,工程项目被分割为独立的子项目,按照联盟中成员所拥有的战略资源的不同对子任务和成员进行组合。在工程项目完成之后,联盟中的成员按照协议进行收益分配和清算,联盟也就不再存在。

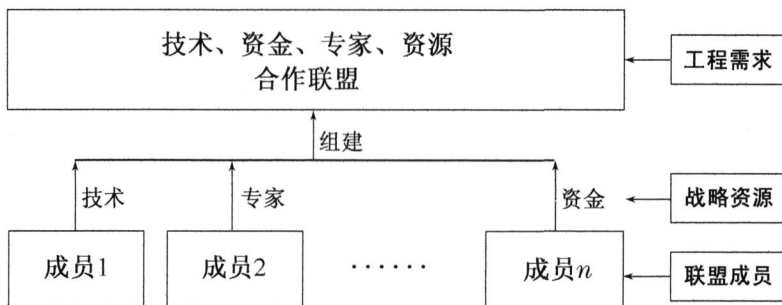

图9-4 施工联盟组建过程

战略联盟的成员所拥有的战略资源对工程建设的成功有着决定性意义,因此,联盟成员的选择至关重要。联盟成员的选择应当以工程项目所需要的资源为选择标准,成员所拥有的资源应当与工程需求相匹配,同时成员之间的目标和思想应当是相容和谐的,之前的部分中提到过,成员所拥有的战略资源的质量决定着成员在工程建设中的相对地位和行动权,成员对联盟的贡献越大,他的话语权也就越高,因此成员之间的和谐关系着联盟的稳定。除了成员之间的和谐,成员仅仅拥有工程项目所需的资源是不够的,联盟中每个成员的能力也应当是相当的,如果不具备足以应对激烈的竞争的能力,那么就算他拥有工程项目所必需的资源,这样的企业也不能被加入到施工联盟中。

另外,由于大型工程工期较长,因此对联盟的长期稳定性有着较高的要求,这也就需要联盟的成员之间能够建立起长期稳定的关系,这就要求联盟中的成员是有担当的。只有满足了这些要求,施工联盟的专业性和稳定性才会有保证,才能最大程度地发挥出联盟的作用,优势互补、高效高质地完成工程建设项目。

2. 联盟冲突

联盟中成员之间不仅仅是合作的关系,他们之间也存着竞争和冲突。前面提到的大型工程主体之间的冲突主要是由目标不一致、沟通不畅、认知和地位差异等原因导致的,在联盟中成员之间资源的流动也涉及不同的主体,因此联盟中的冲突产生的原因也存在着这些因素。

在工程建设过程中,工程项目分割为独立的子任务,每个子任务并不是完全并行的,这就存在着一个成员所承担的任务必须依赖于另一成员承担的任务的成功进行,正是由于这一关系的存在,当完成先前任务的成员工作不力时,冲突就会产生。同时,每个成员所拥有的能力是不同的,但是在工程项目的合作过程中,这样的能力有可能成为其他成员觊觎的目标,成员之间的信任就会遭到破坏,也会容易引起冲突。另外,每个成员拥有的能力对工程建设的重要性是不同的,这样的不同会使得成员之间的相对地位产生一定的差异,就会出现相对强势的一方出于自身利益的考虑干涉相对弱势的成员的工作,甚至影响工程建设的进程,从而引起冲突。

在施工联盟中,每个成员所拥有的战略资源是不同的,之前已经提到联盟的组建需要将工程项目进行划分,分为多个独立的子任务并将这些子任务与成员所拥有的战略资源进行匹配,在匹配过程中就会存在这样的问题,可能只有一部分成员所拥有的战略资源与子任务是完全匹配的,其他的成员与剩下的子任务之间的匹配度就会降低,这样的情况下,这些匹配度低的成员就需要付出更多的成本和代价来完成相应的子任务,正是因为这样的关系,工程施工过程中就会出现成员之间为了争夺与自己更匹配的任务而产生冲突,同时,在之前提到的处于相对强势地位的成员很有可能会利用自身的资源优势优先挑选子任务,这不仅不利于成员之间的和谐,也会影响联盟中战略资源的协同效应的发挥和资源的有效配置,造成资源浪费,甚至影响工程整体的收益。因此,如何将子任务与成员进行匹配,协调成员间由任务分配引起的冲突,构建良好的成员合作关系,在平衡联盟内部成员关系的基础上保证工程整体目标的实现就是本章研究的重点之一。

施工合作联盟组建的目标是工程项目整体的成功,但是每个成员所处的立场不同,他们都希望联盟能够发挥协同效应,最大程度地发挥自身所拥有的战略资源的作用,从而获得更多的收益,这样就会在每个成员的自身目标的实现上存在着竞争,引起联盟中成员间的冲突。

相对主体之间的合作,施工联盟成员之间的合作更为紧密,他们是一个利益共同体,因此联盟的稳定性和成员之间的和谐非常重要。由于联盟涉及的独立主体更多更复杂,因此在联盟中更加需要重视求同存异的关键性作用。在联盟中,如果独立的个体之间存在认知和信息的差异,成员之间就会产生不信任和猜测,因此联盟中有效的沟通是联盟稳定存在的前提。只有联盟中成员都了解其他成员所拥有的信息和行动策略,并且根据其他成员的行为调整自身的策略,联盟才能够更加有效地运作。此外,组成联盟的成员众多,并且每个成员企业都有各自不同的文化和行为方法,这就必然会产生工作理念和工作习惯的冲突。

除了以上提出的目标、信任、沟通和相对地位等与主体间冲突产生的原因相似的因素之外,联盟中成员之间的冲突产生的特殊因素不仅仅是任务分配的冲突,还存在着其他的因素,就是每个成员对联盟的贡献如何进行评价,在工程的参建主体之间由于每个主体是独立存在的,每个主体的收益也是相对固定的,但是在施工合作联盟中,所有的成员是共同来完成工程建设的,每个成员对工程总目标的实现的贡献是不同的,这一贡献的不同也关系着联盟中成员所能够获得的收益的比重,因此如何对这一贡献进行评价至关重要。这一问题如果处理不当,成员之间就会相互不满,每个成员也不会尽自己的最大努力来完成任务,不仅会使得工期延误甚至会导致联盟解体,工程项目无法进行。这就需要在施工联盟成立之初制定好适当的贡献评价和收益分配标准,得到联盟成员的认可,并在工程项目的实施过程中,参考当前的进度和施工环境对这一标准进行变更,保证这一标准的公平合理性,这样不仅能促进联盟的稳定也能使得联盟的成员之间更加信任,合作更加和谐。如何建立有效的贡献评价体系和收益分配机制也是本章要研究的如何对联盟成员之间的冲突进行协调的重点所在,这在之后的内容中会进行详细解释。

### 9.4.2　冲突分析模型

在大型工程施工合作联盟中,有别于主体之间冲突产生的原因的主要因素有两个,一是成员自身所拥有的战略资源与工程子任务的匹配,二是每个成员对整体项目的贡献度和收益的评价。这两个问题的解决对大型工程施工联盟中成员间的冲突协调机制的研究有着决定性意义,工程施工过程中子任务的分配影响到每个成员的收益,这是引起冲突的主要原因,而对每个成员的贡献度进行评价和对收益进行分配则是建立在子任务合理分配的基础上的对成员间的冲突进行协调的有效办法,因此在本节中主要研究如何对子任务进行合理分配,在冲突协调模型部分研究成员的贡献评价以及收益分配方法,以实现合理有效协调冲突的机制。

1. 模型参数和假设

本部分主要建立大型工程施工合作联盟中成员之间的冲突分析模型,在工程施工过程中考虑到大型工程的周期长、复杂度高,一般会将工程项目分为若干个子任务由联盟中的成员来完成,本部分主要从每个成员拥有的战略资源的角度出发,研究将联盟成员与工程项目中的子任务进行匹配的合理方法,建立有效的资源分配标准,实现资源的有效利用,促进联盟关系的稳定。

模型中涉及的参数有:

$n$:联盟中成员的数量,工程项目子任务的数量

$r_i$:联盟中成员 $i$ 所拥有的战略资源

$R_j$:第 $j$ 个工程项目子任务所需要的资源

在工程项目的施工联盟中,盟主企业也就是总承包商将工程项目分为 $n$ 个子项目,并根据这些子任务选择联盟成员,也就是说 $n$ 个任务对应着 $n$ 个联盟成员,但是完成这些任务需要的战略资源并不一定跟完成这一任务的成员所拥有的资源完全匹配,从成本的角度来说,当成员的能力并不能够与任务完全匹配时,成员就需要付出一定的成本来学习以获得与任务相匹配的能力,也就是说在成员的能力与任务完全匹配时,成员能够获得最大的回报。在整个工程建设过程中,除了自身能力与任务需求完全匹配的成员之外,存在着一些成员与剩余的任务匹配度较差,这样不仅会影响到成员的收益,整个工程的质量和收益都会受到较大影响。

基于以上分析,本章提出如下假设。

假设 1:联盟中的成员都是尽职的。

假设 2:联盟成员大多数与任务达到最佳匹配,同时存在一些成员能力与任务需求匹配效果差。

假设 3:发生恶劣冲突时会出现需求高的任务与能力低的成员相匹配。

假设 4:任务与成员达到完全匹配时产生最大回报,回报与匹配度正相关。

2. 指标建立和分析

为了提高资源的利用率,保证联盟的稳定性,需要有一个合理的标准来将任务进行分配,防止恶劣冲突的出现,减少战略资源的浪费。因此本部分将建立一个指标对每个子任务所需资源的紧急度进行评价,按照每个任务对某个资源的紧急程度进行排序,对紧急程度最高的任务进行优先分配,这

样既能保证工程的顺利进行,也能使每个成员的能力得到最优的使用。在资源紧急度这一指标体系中,会涉及很多因素包括定量的和定性的,并且还存在着很多的模糊信息,比如信誉度、质量满意度等,并且指标体系也是多层次的,因此就需要一种能够反映全系统各个因素之间关系的方法来处理这一问题。

在工程施工过程中,每个任务所需的资源是不同的,也可能是相同的,在这样的情况下,根据每个子任务的重要程度和对其他任务的影响程度的不同,每个子任务对同种资源需求的紧急程度是不同的。具体而言,每个任务在工程项目建设周期中的阶段是不同的,对于处在关键位置的任务,如果这样的任务不能够及时完成会影响到其他任务的进行,为了保证工程如期进行,应当优先满足这样的子任务的需求;另外,每个任务所要完成的目标也是不同的,属于主体工程的子任务应当比其他任务有优先权;当多个子任务出现所需资源相似的情况下,应当对每个任务所需资源是否能替代以及所需的资源是否紧缺进行衡量,优先满足需要可替代性低的资源的任务;对一些任务而言,在任务开始时对某资源的需求较为强烈,但是随着整体工程的推进,对这一资源的需求随之降低,这就要求将任务所需资源的时效性计入考量因素。综合来说,影响每个子任务对战略资源需求的紧急程度的因素主要有:子任务对工期的影响、子任务对工程质量的影响、任务所需资源的短缺程度、所需资源的可替代性、所需资源的时效性,评价结构模型见图 9-5。

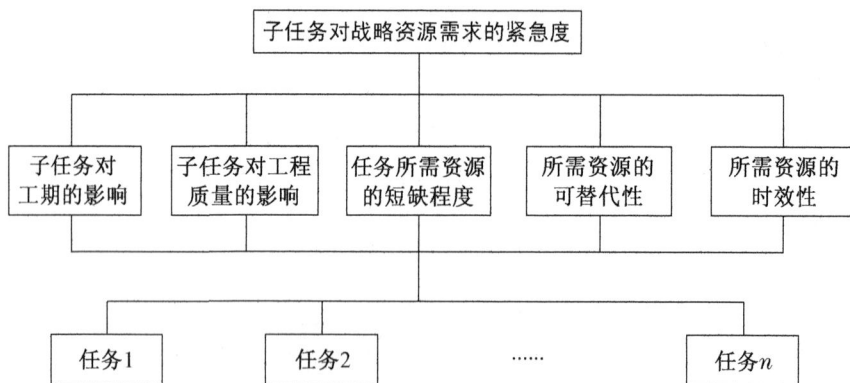

图 9-5  子任务战略资源需求紧急度评价结构图

在需求紧急度评价结构中一共有两层,第一层为总目标也就是子任务对战略资源需求的紧急度指标,第二层是影响每个任务对战略资源需求的紧急度,被评价的任务有 $n$ 个。AHP -模糊综合评判的过程如下。

① 建立评价目标集。评价目标集就是之前的部分中提到的影响战略资源需求紧急度的 5 个因素,可以表示为 $U=\{u_1,u_2,u_3,u_4,u_5\}$。

② 运用层次分析法计算每个影响因素的权重。

首先构建判断矩阵,对 5 个因素对总目标的重要程度进行比较打分,从 1 分到 9 分,用 $w$ 来表示每个因素的权重,并将每个因素的权重进行两两比较,得出第 $i$ 个因素相对于第 $j$ 个因素的相对重要程度,用 $a_{ij}$ 来表示,由此判断矩阵 $A$ 可以表示为:

$$A=\begin{bmatrix} w_1/w_1 & w_1/w_2 & \cdots & w_1/w_5 \\ w_2/w_1 & w_2/w_2 & \cdots & w_2/w_5 \\ \vdots & \vdots & \ddots & \vdots \\ w_5/w_1 & w_5/w_2 & \cdots & w_5/w_5 \end{bmatrix}=A(a_{ij}),a_{ij}=w_i/w_j \quad (9.19)$$

$a_{ij}$ 满足的条件是:

$$\begin{cases} a_{ij}>0 \\ a_{ii}=1 & i,j=1\cdots5 \\ a_{ji}=1/a_{ij} \end{cases} \quad (9.20)$$

其次,由于工程施工过程中影响战略资源需求紧急度的因素较多,通过 $w_i/w_j$ 的方式构造的判断矩阵 $A$ 可能存在着一致性检验不满足的情况,出于这样的考虑,为了尽可能地减小估计误差,本文采用的是研究误差的平方和最小的情况下对应的权重的方法来实现减少估计误差的方法。假设权重向量为 $W=(w_1,w_2,w_3,w_4,w_5)$,估计误差是 $\varepsilon$,根据分析,目标函数可以表示为误差的平方和最小:

$$\begin{cases} \min\sum\varepsilon^2=\min\sum_{i=1}^{5}\sum_{j=1}^{5}(a_{ij}w_j-w_i)^2 \\ s.t.\sum_{j=1}^{5}w_j=1 \end{cases} \quad (9.21)$$

建立的目标函数是一个二元函数,由于这一函数并不是常见的二元函数,为了找到目标函数的极值点,可以使用拉格朗日乘数法,引入拉格朗日乘数,构造拉格朗日函数如下:

$$L(W,\lambda) = \sum_{i=1}^{5} \sum_{j=1}^{5} (a_{ij}w_j - w_i)^2 + 2\lambda(\sum_{j=1}^{5} w_j - 1) \quad (9.22)$$

为了得到以上拉格朗日函数的极值,对(9.22)式求偏导,得到方程组:

$$\begin{cases} \partial L/\partial W = \sum_{i=1}^{5} \sum_{j=1}^{5} (a_{ij}w_j - w_i)(a_{ij} - 1) = 0 \\ \partial L/\partial \lambda = \sum_{j=1}^{5} w_j - 1 = 0 \end{cases} \quad (9.23)$$

通过对(9.23)式的求解,我们能够得到满足估计误差最小的条件的权重向量 $W$。

③ 参考现有研究,并根据子任务对战略资源需求的紧急程度,将需求的紧急程度分为特别紧急、比较紧急、紧急、一般紧急四个级别,对应的需求紧急度构成评判集: $V = \{v_1, v_2, v_3, v_4\}$。

④ 建立单因素评价矩阵。使用模糊综合评判法需要对每个影响因素的隶属度进行分析,也就是影响因素 $u_i$ 被评为等级 $v_j$ 的可能性,也称为因素 $u_i$ 被评为等级 $v_j$ 的隶属度,用 $e_{ij}$ 来表示。本文中涉及 5 个影响因素和 4 个评判等级,这就能够构成一个 $5 \times 4$ 的评价矩阵。考虑到这其中存在着大量的模糊因素,在确定每个因素的隶属度时,本文选取专家打分法的办法,根据专家对某一等级的投票数与总数相除,从而得到隶属度的数据。在工程项目中存在着 $n$ 个子项目和 $n$ 个成员,因此这 $n$ 个任务就需要对 $n$ 个成员拥有的战略资源进行分别计算,本文用 $E_s^k$ 来表示第 $s$ 个子任务对第 $k$ 个成员所拥有的战略资源的需求的隶属度矩阵,这个矩阵可以表示为:

$$E_s^k = (e_{ij})_{5 \times 4} = \begin{bmatrix} e_{11}^k & e_{12}^k & e_{13}^k & e_{14}^k \\ e_{21}^k & e_{22}^k & e_{23}^k & e_{24}^k \\ e_{31}^k & e_{32}^k & e_{33}^k & e_{34}^k \\ e_{41}^k & e_{42}^k & e_{43}^k & e_{44}^k \\ e_{51}^k & e_{52}^k & e_{53}^k & e_{54}^k \end{bmatrix}, s,k = 1,2,\cdots,n \quad (9.24)$$

⑤ 得到模糊综合评判向量。根据隶属度矩阵和每个因素的重要程度也就是每个因素的权重向量,将隶属度矩阵与因素的权重向量进行复合,得到任务 $s$ 对成员 $k$ 拥有的战略资源的需求的模糊综合评判向量 $B_s^k$:

$$B_s^k = WE_s^k = (b_1^k, b_2^k, b_3^k, b_4^k) \quad (9.25)$$

⑥ 构造资源紧急度指标。模糊综合评判向量体现的是任务 $s$ 对成员 $k$

的战略资源需求的紧急程度的分布,也就是这一需求在四个等级上的分布情况,要构建资源紧急度指标就需要对四个等级的重要性进行量化,将这一量化值与模糊综合评判向量进行复合,才能够得到最终的量化的资源紧急度指标,用 $h_s^k$ 来表示任务 $s$ 对成员 $k$ 的资源需求的紧急度:

$$h_s^k = \sum_{j=1}^{4} (b_j^* \times d_j) \tag{9.26}$$

在(9.26)式中,$d_j$ 表示的是等级 $v_j$ 所对应的量化值,一般用一定的分值来区分四个等级的紧急程度,例如将特别紧急定义为 80,比较紧急为 60,紧急为 40,一般紧急为 20,通过这样的方式能够得到量化的资源紧急度指标,便于任务分配时作为分配的依据。

从每个成员拥有的战略资源的角度出发,研究了将联盟成员与工程项目中的子任务进行匹配的合理方法,在工程项目的具体施工实践中,我们能够将资源紧急度这一指标作为任务匹配的标准,这样的匹配方法不仅避免了战略资源的浪费,也具备一定的公平性,能够最大程度地保证工程的顺利进行,提高了资源配置的效率,能够有效地减少联盟成员之间为了争夺更适合自己的任务而导致的冲突。但是仅仅有着这样的任务匹配标准还是远远不够的,联盟中成员承担的子任务关系着成员获得的收益,并且每个子任务的复杂度是不同的,为了使得每个成员能够有序地按照任务匹配标准来选择任务并且努力完成工程项目,这就需要合理的贡献评价指标和收益分配标准来激励每个成员保质保量地完成工程任务。

### 9.4.3 冲突协调模型

工程施工联盟中的成员追求的是整体和个体利益的满足,子任务的分配影响着成员的收益,同时联盟是一个利益共同体,每个成员对联盟的贡献的评价也决定着每个成员的收入,在上一部分研究的基础上,本部分需要建立有效的贡献评价模型和收益分配函数来保证每个成员的合理利益,使得联盟中的成员处在相对公平的位置,并且通过这些模型的建立能够有效地激励联盟中的成员并减少成员之间的冲突。

#### 1. 联盟成员的贡献程度评价

上文已经提到,对联盟这一利益共同体的收益进行公平合理的分配有利于联盟整体的稳定,有利于维系联盟成员间的合作关系。因此本小节研究的是如何将联盟整体的收益进行合理分配,联盟成员的收益由成员所提供的要素对工程总目标的重要程度来决定,同时上一小节提出的任务分配方法能够保证工程项目的有序进行,但是这样的分配方法存在着一定的问题,每个成员分配的任务并不是与之完全匹配的,为了促使联盟中的成员按照这一规则来进行任务分配,需要有一定的机制来保证成员的收益,当成员不按照这一标准来进行时,根据分析,联盟中会发生恶劣冲突,整体利益会受到影响,因此,成员服从这一标准的行为也可以理解为成员对工程整体风险的分担,所以在收益分配中应当将风险承担这一因素纳入考虑的范围。综上所述,本节研究的成员对联盟整体的贡献的重点就包括两个方面,一是成员对联盟整体的投入的贡献,二是成员对整体风险的分担的贡献,在对这两种贡献因素考量的基础上得到成员的收益分配函数。

简兆权在 1999 年的研究中对有 $n$ 个成员的战略联盟中的合作行为进行了分析,并建立了合作博弈模型,分析了联盟中参与方的收益,用 Sharply 值来表示一个参与方的边际贡献,并表示为:

$$\varphi_i(N,v) = \sum_{i \in S \subseteq N} \frac{(|S|-1)!(n-|S|)!}{n!}(v(S) - v(S \backslash \{i\}))$$

$$(9.27)$$

其中,

$|s|$:合作联盟中的一个可能的联盟 $s$ 的参与人的个数;

$\varphi_i(N,v)$:联盟中成员 $i$ 的平均边际贡献;

$v(s) - v(S \backslash \{i\})$:成员 $i$ 加入到小联盟 $S \backslash \{i\}$ 后形成了联盟 $S$ 时带来的收益。

Sharply 值的思想是博弈者 $i$ 在 $(N,v)$ 博弈下可以形成的各种联盟,将这一博弈者对不同联盟的边际贡献进行平均,就能够得到博弈者在全体联盟 $N$ 下应得的最终分配收益,也就是上面的公式所表达的结果。这一结果能够来衡量成员对联盟的贡献,并能够作为收益分配的依据,但是这一模型建立的基础是假设每个参与者对联盟的投入以及每个参与者承担的风险是相同的,但是在工程施工联盟中,每个成员之间的投入和风险承担是存在差异的,并且就是这一差异的存在导致了冲突发生的可能,本部分要做的就是通过这一差异来调整各个成员的收益,减少联盟成员间的冲突,因此需要对这一结果进行修正。

2. 联盟成员的贡献评价修正

上面的分析显示出,由简单的 Sharply 值法并不能有效地解决工程施工联盟中成员贡献的评价问题,而对这一结果的修正也应当建立在 Sharply 值法的假设上,Sharply 值法假设每个成员的投入和风险承担是相同的,在施工联盟的实际情况中,投入和风险承担存在着较大的差异,因此衡量每个成员对联盟的贡献的方法的修正也将从投入和风险因子的引入两个方面展开。

由于联盟中成员的投入主要是指成员对联盟整体的战略资源的投入,投入越多的成员获得的收益也就越多,从这一层面来说,实际上考察的是每个成员拥有的战略资源对工程项目总目标的重要性程度,也就是上一小节中的每个成员的资源紧急度指标的平均值,这个指标代表的是任务 $s$ 对成员 $k$ 的战略资源的需求程度,换句话说,资源紧急度的平均值越高代表着成员 $k$ 所拥有的战略资源对工程项目整体的价值越高,这一平均值用 $h'$ 来表示,另外用 $c$ 来表示成员的战略资源的市场价值,那么成员 $k$ 的投入可以表示为:

$$Q = c_k h'_k \text{其中}, \ h'_k = \frac{1}{n} \sum_{s=1}^{n} h_s^k \tag{9.28}$$

每个成员的投入因子 $FI$ 可以表示为成员 $k$ 的投入占联盟中所有成员的投入的比例,也就是:

$$FI_k = \frac{c_k h'_k}{\sum_{i=1}^{n} c_i h'_i} \tag{9.29}$$

在施工联盟中,成员最终分配到的任务并不是与自身能力完全匹配的,在这样的情况下,成员需要付出一定的努力才能顺利完成任务,出于对自身利益的考虑,当子任务中出现成员能力完全匹配的任务时,这一成员就会出于利益的考虑不服从任务分配的标准,从而产生冲突。为了解决这一问题,本文中将成员为了整体利益考虑而服从任务分配标准的行为视作是对联盟风险的承担,对风险承担较多的成员将获得较多的收益,这样能够有效保证联盟的稳定。为了方便计算,不考虑其他的技术风险和市场风险等,仅仅考虑成员对联盟整体收益的风险的承担程度这一因素。考察每个成员对项目整体的风险的承担程度其中存在着大量的模糊因素,因此参考资源紧急度指标的获取方法,风险指标的衡量也将采用 AHP - 模糊综合评判法来进行,图 9 - 6 是风险承担的层次结构模型。

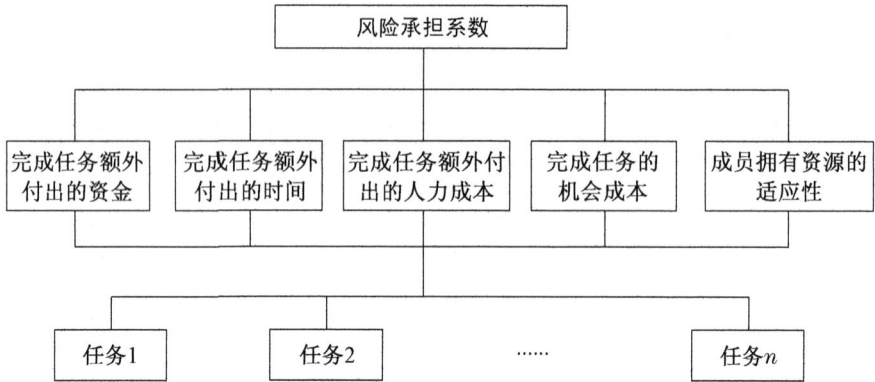

**图 9-6　成员风险分担系数评价结构图**

在层次结构模型中,总目标是每个成员完成分配到的任务所承担的风险,这个风险受到一些模糊因素的影响,包括成员完成被分配的任务所需要付出的人力、时间和资金成本,成员需要额外付出的成本越高承担的风险也越大;成员完成分配的任务而不是去完成与自身能力最匹配的任务就产生了机会成本,机会成本越高也就意味着成员承担的风险越大;如果成员的资源具有较高的适应性,也就是这一战略资源的独特性并不高,那么他所承担的风险就相对较少。运用 AHP-模糊综合评判法得到的风险分担系数 $r_s^k$ 来表示,代表着成员 $k$ 完成任务 $s$ 承担的风险。成员承担的风险因子可以表示为:

$$FI_k = \frac{r_s^k}{\sum\limits_{k=1, s\in N}^{n} r_s^k} \tag{9.30}$$

最终,每个成员的收益将以成员对联盟的贡献为依据,包括成员对联盟的投入和风险承担两个方面,对于投入和风险承担在成员最终获得收益的比例,我们约定为 $q$,这一比例具体将由专家根据工程项目的实际情况来确定,由于投入因子和风险因子对成员的收益的影响是同向的,我们定义 $F$ 来表示成员在联盟中的地位,综合各方面的因素,计算成员在联盟中的整体贡献:

$$\begin{cases} \min z = q \sum_{k=1}^{n} (F_K - FI_K) + (1-q) \sum_{k=1}^{n} (F_K - FR_K)^2 \\ s.t. \sum_{k=1}^{n} F_k = 1 \\ 0 \leqslant F_k \leqslant 1 \end{cases} \tag{9.31}$$

将成员 $k$ 获得的收益分配比例与平均比例的差值定义为 $\Delta F_k$，有：

$$\Delta F_k = F_k - \frac{1}{n}, \sum_{k=1}^{n} \Delta F_k = 0 \tag{9.32}$$

成员 $k$ 的收益函数修正为：

$$P_k = \varphi_k(N, p) + \Delta F_k p \tag{9.33}$$

成员 $k$ 的收益函数(9.33)式表示的是 Sharply 值表示的收益的基础上引入成员的贡献因素，当成员的付出也就是投入的资源和承担的风险比理想平均水平低的时候，他获得的收益就会相应减少，当成员的付出高于理想平均水平时他获得的收益就会增加。这样的收益函数能够有效地促使联盟中的成员加大投入并且勇于承担风险，能够使得资源紧急度指标在联盟中有效地实施，在一定程度上也减少了联盟中成员间的冲突，提升了联盟的整体收益，对工程实践有一定的指导意义。

# 第10章 大型工程柔性组织协调机制

## 10.1 冲突治理理论概述

对于大型工程主体间冲突的治理方法,传统的观点包括正视、妥协、调停、竞争、回避五种模式,对工程冲突的具体治理方法也经历了从事后管理到事前规避的发展历程。五种传统的治理方法从不同参建主体的角度出发也存在着一定的差异,但是现有的对于大型工程中冲突的治理机制的研究相对比较宏观。对业主来说,一般的治理方法的排序是:正视>调停>竞争和妥协>回避;而对承包商来说,这一顺序则是正视>调停>妥协>回避>竞争。这一冲突管理方法的不同也体现着业主和承包商权力、相对地位的差异。

现有学者在工程冲突治理方面的研究更为具体。邓铁军(2006)提出,工程冲突的治理需要明确参建各方的关系,健全沟通机制提高沟通的效率,增加信息的透明度。李真(2014)提出,工程的主体之间的关系不仅有利益一致也有利益冲突的方面,对主体间冲突的协调就是对具有不同的利益诉求的主体进行关系协调。在具体的协调机制上,李真(2014)的观点是不仅仅要依赖于规范的机制和方法,也需要工程文化的凝聚,她从运作协调、利益协调和文化协调三个方面提出了工程主体的关系协调的方法。运作协调是指设计有效的工作流程来保证整体目标的实现,利益协调是通过一定的机制促使参建主体的个人利益与整体利益一致,文化协调则是建立工程文化加深主体之间的凝聚力。孟庆峰(2014)指出,工程参建成员间的协调机制包括宏观战略管理和微观的管理措施,包括建立合作伙伴关系、建设统一的工程文化、构建运作协调机制和完善利益协调机制。正是因为主体间存在着利益一致和不一致两个方面的关系,工程主体间冲突的协调更加强调通过协调方式引导主体的行为向合作的方向发展。

联盟也是由多个主体组建而成,但是联盟内部成员间的关系与工程参建主体间的关系并不相同,联盟的成员是一个利益共同体,他们之间的冲突更多的是贡献评价和利益分配机制的不合理引起的,对于成员之间的冲突协调的重点在于建立良好的利益分配机制和激励机制来保证联盟的稳定性,现有对于工程合作联盟内部冲突的协调机制的研究都比较具体,陈震红(2004)、周永红(2011)、刘宁(2012)都从不同的角度提出了治理思路,见图10-1。结合现有的研究可以发现,联盟内部成员间冲突的协调强调的是成员间的利益分配的公平性并采取一定的措施引导成员向有利于联盟整体的方向发展。

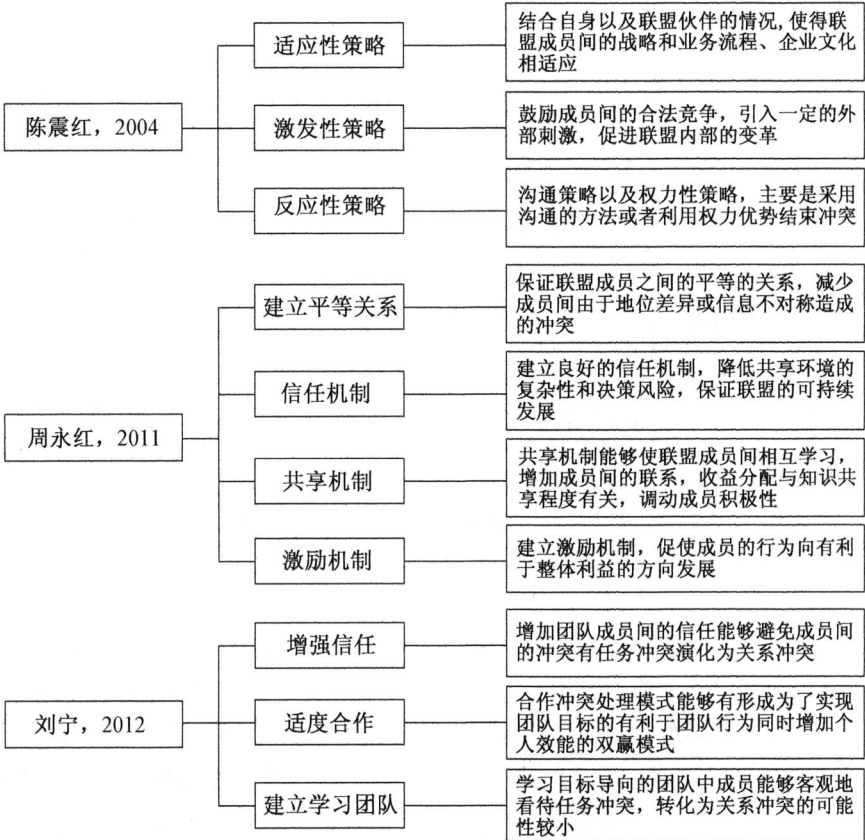

**图 10-1　现有合作联盟冲突协调机制研究**

## 10.2　柔性主体间冲突协调机制

现有学者的研究表明,大型工程主体间冲突的协调理念是通过建立一定的机制,引导业主和承包商向合作的方向发展,而主体间冲突产生的原因是由于战略资源的不同而造成收益的不同,二者之间的溢出效应影响到了业主和承包商的合作状态,因此主体间冲突的协调就显得非常重要,如图10-2所示。

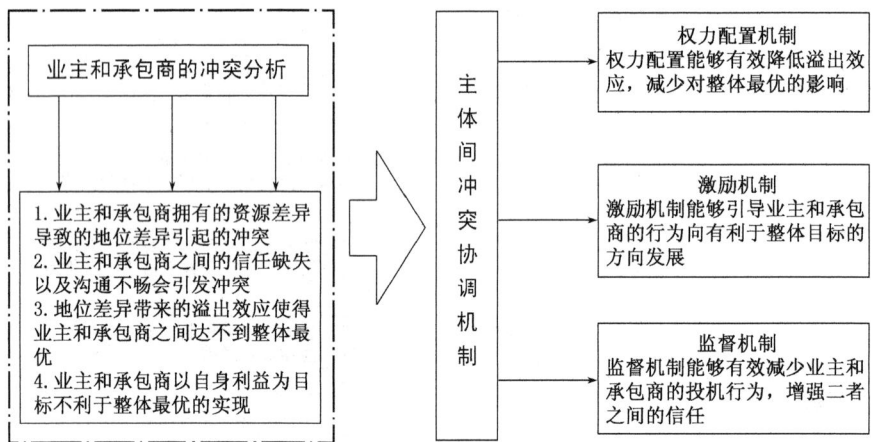

**图 10-2　业主与承包商冲突协调机制**

### 10.2.1　权力配置及激励机制

在第9章的业主和承包商的冲突分析模型中已经提到,在不考虑业主和承包商的溢出效应时,两个参建主体整体收益最大化的条件才是成立的。业主和承包商间的溢出效应指的是业主的行为会影响到承包商的行为和产出,减少二者之间的溢出效应需要建立在行动权合理配置的基础上,有形的权力配置机制能够有效地减少溢出效应,降低业主和承包商的溢出效应对整体最优的影响。

溢出效应的产生是由于业主和承包商自身所拥有的资源代表的实际的不同造成了主体行为的差异。主体权力的配置可以从两个角度来进行,一是将分化业主或承包商的权力,遏制主体的投机行为;二是将业主和承包商从两个独立的主体变为利益共同体,主体的目标就变为追求双方整体利益最大化。具体的措施方面,业主可以对承包商的权力范围进行缩小,将承包商的采购权和分包商的选择权等权力划分一部分到自身权力下,这样的形式能够减少承包商的投机行为,增加承包商的投机成本。从合作的角度来说,将业主和承包商两个目标独立的主体进行兼并,调整二者的权力大小,这样两个单独的决策主体就成为一个主体,这种形式的实现可以通过投资联合体和设计施工总承包等方式,这样整体的目标就成为追求合作团体的利益最大化。

在第 9 章中已经提到了引入奖励和惩罚因素,对有利于整体目标的行为进行奖励,对不利于整体目标实现的行为进行惩罚。根据第三章的结论,当 $x \leqslant s-n$ 和 $y \geqslant m-s$ 时能够实现整体最优,见图 10-3。这样的机制能够让业主和承包商意识到仅考虑自己利益的行为策略并不能得到理想收益,同时还存在着收益减少的风险,在这样的制度下,选择以整体收益最高为行为策略能够获得更高的收益,在这样的博弈过程中,参建主体为了获得更高的收益,就会以整体利益一致为目标,这样就会在工程建设过程中形成自组织特性,成为稳定的制度。

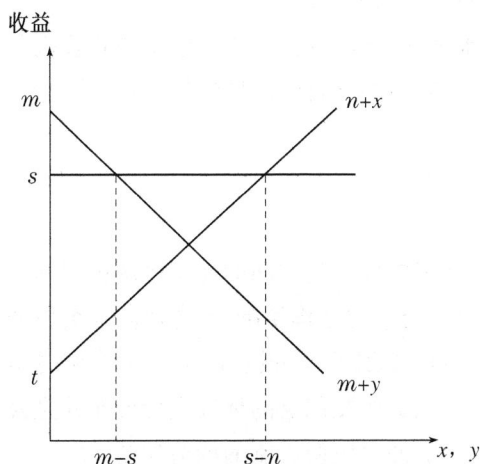

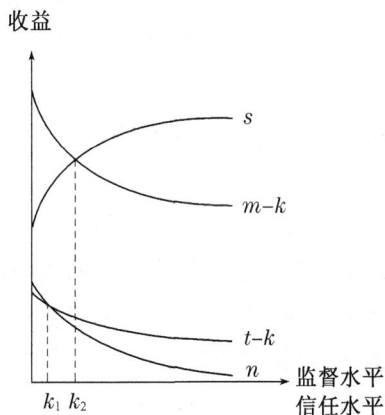

图 10-3　激励、惩罚机制下主体的收益变化　图 10-4　主体的收益、信任与监督关系

## 10.2.2　监管机制

激励和惩罚因素的引入能够有效地引导业主和承包商的行为向有利于

整体目标的方向发展,但是这并不能避免业主和承包商的投机行为,为了遏制这一行为的发生,需要有一定的监管机制,在一定的监管水平下,不仅会使得业主和承包商的投机行为减少,更加能够增进业主和承包商之间的信任。结合第三章中的收益矩阵,引入监管机制之后业主和承包商的收益矩阵见下表:

表 10 - 1　引入监管机制的业主和承包商的收益矩阵

| | | 承包商 | |
| --- | --- | --- | --- |
| | | 信任 $B_1$ | 投机 $B_2$ |
| 业主 | 信任 $A_1$ | $s,s$ | $n,m-k$ |
| | 投机 $A_2$ | $m-k,n$ | $t-k,t-k$ |

对业主和承包商来说,由于引入了监督机制,选择投机行为的参与方被发现的可能性随着监督水平的上升越来越大,相应的投机获得的收益将越来越少。当一个参与者选择信任而另外的参与者选择投机时,选择信任的参与人的收益将随着他信任水平的增加而减少。当二者都选择信任时,收益会随着信任的增加而增加。综合以上表述,业主和承包商的收益与监督水平和他的信任水平有关,这一关系表现为图 10 - 4。

从图 10 - 4 可以看出,当监督水平 $k>\max(k_1,k_2)$ 时,也就是监管机制在一定的水准之上时,业主和承包商能够相互信任并且能获得较高的收益。

## 10.3　联盟间冲突协调机制

现有学者的研究表明工程合作联盟内部成员之间的冲突协调机制构建的重点在于平衡每个成员的收益,建立公平的合作氛围,与主体间冲突协调注重引导参建单位的行为向合作的方向发展不同,成员间的冲突协调更多的是在利益共同体的前提下使得每个成员按照制定的标准进行合作并且公平分配联盟的收益。联盟内部成员间的冲突协调机制的构造如图 10 - 5。

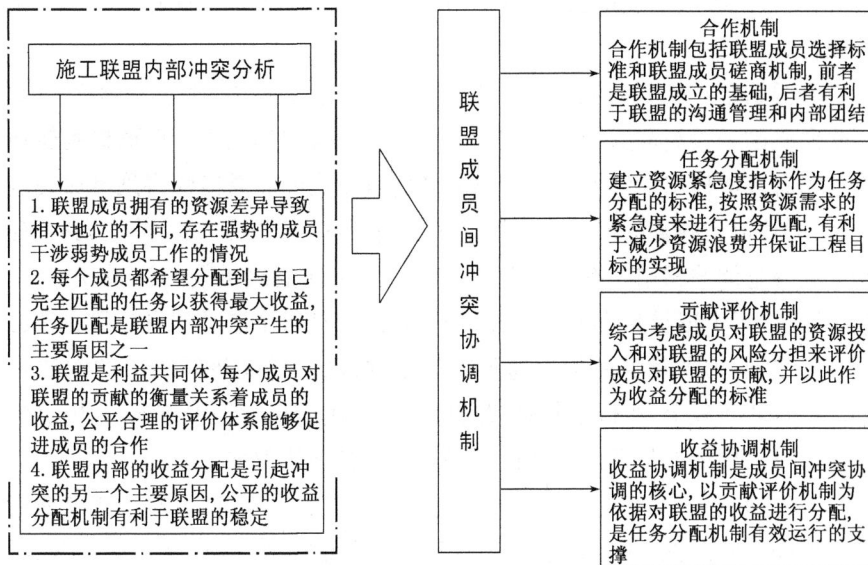

**图 10-5　合作联盟成员间的冲突协调机制示意图**

## 10.3.1　合作机制

大型工程的施工联盟是为了应对日益复杂的工程需求而产生的,联盟中的每个成员都拥有一定的战略资源,这些资源决定着工程建设的成功和质量,而工程建设的结果又关系着联盟整体的收益,因此施工联盟的组建要求每个成员运用自身的能力共同完成工程建设目标。综上所述,联盟的合作关系必须具备以下的基础:

(1)每个成员都应当具有无法取代的能力也就是拥有战略资源,这是加入施工联盟的必要条件;

(2)联盟成员的能力应当是相当的,如果不具备足以应对激烈的竞争的能力,那么就算他拥有工程项目所必需的资源,这样的企业也不能被加入施工联盟中;

(3)成员拥有的战略资源应当是互补的,并且与工程子任务的要求是一致的,同时成员之间的文化和思想也应当是相通的,这样不仅有利于工程目标的完成也能够有效减少由于理念不同引发的冲突。

联盟的成员选择是合作关系建立的基础,也是合作机制的基本部分。联盟中的伙伴只有满足了以上要求,施工联盟的专业性和稳定性才会有保证,才能最大程度地发挥出联盟的作用,优势互补,高效高质地完成工程建设项目。

联盟的合作机制的建立不仅要保证联盟成员的高质量,更需要有一定的磋商机制来提高联盟内部沟通的效率和问题解决的能力。磋商机制能够保证当有成员提出能够使联盟整体或者所有成员的收益能够得到增加的建议时,能够得到联盟的同意。通过这一机制能够提高联盟成员的积极性,有利于联盟整体的团结。有效的磋商机制依赖于联盟成员间的沟通,对合作联盟而言,每个成员从事的子任务是不同的,并且每个成员的目标和观念也存在着差异,为了减少由于沟通不畅产生的冲突,需要进行良好的沟通管理。在具体实施上,可以依托现代通信技术采用虚拟管理等方式,运用组织集成的方法增加成员间的联系进而提高沟通管理的效率。

另外,联盟的良好的合作关系还需要保证成员的发言权,每个成员都被允许发表不同意见,并且联盟内部不允许子联盟的存在,只有这样,才能保证现有联盟的良好运行和联盟成员间合作关系的稳定。

### 10.3.2　任务分配机制

由于联盟每个成员拥有的战略资源不同,但是联盟中的子任务并不是全部与成员的能力相匹配的,这样的情况下就产生了成员与任务匹配的冲突。自身能力与子任务需求完全匹配的成员能够获得最大的收益,但是不匹配的情况下成员的收益就得不到保障,于是每个成员都希望能够去完成与自身能力相匹配的任务,这就导致了任务分配的冲突。

前文运用模糊综合评判法建立了资源紧急度指标,对每个子任务对整体目标的影响进行了分析,优先匹配需求紧急度较高的任务与成员,这样既能够保证工程目标得到有效实现,也能够减少战略资源的浪费,提高资源利用效率。但是这样的匹配机制存在着一定的问题,这一机制的运行需要所有成员的同意,因此就需要有一定的措施来促使成员愿意按照这一机制来进行任务分配,保证任务分配机制的有效运行。在第四章中本文提出了建立收益分配机制来支撑任务分配机制的运行,引入投入和风险承担因素保证联盟中的成员在这样的任务分配机制下的收益。

### 10.3.3　贡献评价和利益协调机制

大型工程施工联盟是一个利益共同体,联盟成员共同完成工程项目,成员共担风险共享收益,因此就需要一定的制度来评价每个成员对联盟的贡献并作为利益协调的依据。公平的贡献评价制度不仅有利于提高联盟成员的积极性,更加保证了每个成员的权益。在本文中对成员的贡献评价是从两个方面进行的,即成员的资源投入以及对联盟整体风险的承担。成员的资源投入的价值以成员拥有的战略资源对工程项目整体的重要程度为标准,成员对联盟风险的承担主要体现在成员放弃与自身能力完全匹配的任务完成其他任务所承担的成本上升收益减少的风险。根据第四章的模型,对联盟的贡献程度超过了理论平均值的成员会获得额外的收益,而对联盟的贡献程度低于理论平均值的成员的收益将会相应减少,这样的贡献评价机制不仅保证了每个成员的投入和产出的匹配度,也能够促使成员按照资源紧急度指标来进行任务分配。

　　利益分配是利益协调机制的核心,并且利益分配是否公平也关系着联盟中成员之间矛盾的大小,公平合理的利益分配机制能够保证联盟的稳定和成员间关系的和谐,同时利益协调机制是任务分配机制有效运行的支撑和保证。本书的利益分配原则是根据成员的资源投入的价值和对整体风险的承担实行收益共享风险共担。利益协调机制不仅仅是公平的利益分配还应当考虑每个成员的利益表达,每个成员对利益的诉求不同,按照投入和风险承担的分配方法可能会造成处于弱势地位的参与方得到的收益较少,利益表达制度能够使得这些成员的利益得到保障,使得联盟的利益不仅仅在强势的成员身上,也能够兼顾公平与协调,有利于联盟整体的稳定。

# 参考文献

[1] Struckenbruck, LC. The matrix organization [J]. Project Management Quarterly sep 1979.

[2] H. Barkema, J. A. C. Baum, & E. A. Mannix, 2002, Management challenges in a new time, Academy of Management Journal, 45: 916 – 930.

[3] David Yardley, Successful IT Project Delivery: Learning the Lessons of Project Failure, Person Education, 2002: 9 – 50.

[4] T. Alhazim and R. MeCaffer. projectprocurement system selection model. Journal of Construction Engineering and Management. Vol. 126. No. 3. May/June2000.

[5] Fereshteh, Mafakheri, Liming Daieta. Project Delivery Selection underUncertainiy: Multieriteria Multi level Decision Aid Model. Journal of Management in Engineering. 2007(10): 200 – 205.

[6] Y. K. Son, C. S. Park. Economic measure of productivity, quality and flexibility in advanced manufacturing systems. Journal of Manufacturing Systems. 1987, 6 (3): 193 – 206.

[7] A. Chatterjee, M. Cohen, W. Maxwell. Manufacturing Flexibility: Models and Measurements. In: Proceedings of the 1st ORSA/TIMS Special Interest Conference on FMS. Ann Arbor, MI. 1984: 49 – 64.

[8] C. H. Falkner. Flexibility in manufacturing plants, Proc. 2nd ORSA/TIMS Special Interest Conference on FMS: OR Models and Applications. Ann Arbor, MI. 1986: 95 – 106.

[9] V. Kumar. Entropic measures of manufacturing flexibility. International Journal of Production Research. 1987, 25 (7): 957 – 966.

[10] Singh, A. and H. M. Johnson. Conflict Management Diagnosis at Project ManagementOrganization [J]. Journal of Management in

Engineering, 1988, 18:48 - 63.

[11] [Thamhaim HJ, Wilemon DL. Conflict Management in Project Life Cycles[J]. Sloan Management Review, 1975, 16(3):31 - 50.

[12] Thamhaim HJ, Wilemon DL. Diagnosing Conflict Determinants in Project Management [J]. IEEE Transactions on Engineering Management, 1975, 22(1):35 - 44.

[13] Child J, Faulkner D. Strategies of Cooperation[M]. Oxford UK: Oxford University Press, 1988.

[14] Thompson P. J. , Sanders S. R. Partnering Continuum[J]. Journal of Management Engineering, 1988,14(5):73 - 78.

[15] Odeh AM, Battaineh HT. Causes of Construction Delay: Traditional Contracts [J]. International Journal of Project Management, 2004, 22(6):447 - 454.

[16] Vaaland TI. Improving project collaboration: start with the conflicts [J]. International Journal of Project Management,2004,22(6):447 - 454.

[17] Bryde DJ, Robinson L. Client versus contractor perspectives on project success criteria [J]. International Journal of Project Management,2005,23(8):622 - 629.

[18] Yiu TW, Cheung SO. Behavioral Transition: A Framework for the Construction Conflict-Tension Relationship[J]. IEEE Transactions on Engineering Management,2007, 54(3):498 - 505.

[19] McWilliams SM. Prevent Organizational Conflicts of Interest from Becoming Last-Minute Showstoppers [J]. Contract Management, 2008,48(1):52 - 56.

[20] Koskela L. Application of the New Production Philosophy to Construction ( Tech Report 72 ) [ R ]. California : Stanford University, 1992.

[21] Wu, T. H. Mckinell, W. P. and Swanston, D. N. ( 1979 ), "Strength of Tree Roots and Landslides on Prince and Wales Island", Alaska. Canadian Geotechnical Journal 16(1):19 - 33.

[22] Gray，D. H. and Sotir，B.（1996），"Biotechnicaland soil Bioengineering Slope Stabilization-A Practical Guide for ErosionControl"，John Wiley & Sons，Inc. New York.

[23] Romstad K M，Herrmann L R. Integrated Study ofReinforced Earth：Theoretical Formulation. Geotechnical Engineering Division，ASCE，1976，10(GTS)：457－471.

[24] H. W. Volberda Building the flexible firm：how to remain competitive. Oxford University Press. 1998：232－254.

[25] Barney JB. Firm Resources and Sustained Competitive Advantage [J]. Journal of Management，1991，17(1)：99－120.

[26] Lars Lindkvist. Project Organization：Exploring its adaption properties[J]. International Journalof Project Management，2008，26：13－20.

[27] Steven C. Bankses. Robust Policy analysis for complex open systems [J]. E：CO，2005，7(1)2－10.

[28] 刑以群，郑心怡. 一种新的多项目管理模式——流程导向型组织结构模式探讨[J]. 软科学，2003，17（4）：42－45.

[29] 汪霄，周敏. 大型工程项目信息化管理与组织结构变革[J]. 基建优化，2004，25（1）：7－10.

[30] 佘俊健. 大型建设项目管理流程研究[D]. 南京：东南大学，2004.

[31] 赵琳. 谈大型建设项目的扁平化组织结构构建[J]. 建筑经济，2008年，增刊：11－13.

[32] 李同玉，孔德成，李存金. 国防科技重大工程组织管理模式演进路径分析[J]. 科技进步与对策，2013，29（24）：42－46.

[33] 江燕，孔德成，邹锐. 复杂重大科技工程组织管理模式研究[J]. 科技和产业，2013，13（11）：167－172.

[34] 龚代华，陈荣秋. 企业柔性研究中存在的若干问题团[J]. 管理工程学报，1999，(1)：73－75.

[35] 蒋志青. 企业业务流程设计与管理[J]. 北京电子工业出版社，2006：160－171.

[36] 杜鹃. 企业研发项目的柔性组织与柔性决策研究[D]. 武汉：武汉理工

大学,2010.

[37] 何成,白思俊,李倩.项目化管理理念的柔性组织模型框架研究[J].现代制造工程,2009,(9):14 - 17.

[38] 汪伟,陈荣秋.企业组织结构柔性的定量化研究.华中理工大学学报.1997,25(9):45 - 57.

[39] 姚路,钟德欢,林志勇.组织结构复杂性熵尺度评价模型[J].海军工程大学学报,2010,22(5):103 - 107.

[40] 刘士军,孟祥旭,龚斌等.支持工程变更的柔性工作流系统建模与实现[J].计算机集成制造统,2003,9(z1):79 - 84. DOI:10.3969/j.issn.1006 - 5911.2003.z1.017.

[41] 钟登华,刘奎建,杨晓刚等.施工进度计划柔性网络仿真的不确定性研究[J].系统工程理论与实践.2005,25(2):107 - 112.

[42] 马小明,杜娟.柔性工程及在安全管理系统中的应用[J].中国安全科学学报,2008,18(7):49 - 54.

[43] 赵振宇,殷音.工程承包联营体的柔性分析与评价[J].中国工程科学,2008,10(9):84 - 87.

[44] 赵振宇,殷音,于萌等.工程承包联营体柔性分析及案例研究[J].工程管理学报,2011,25(3):301 - 306.

[45] 吴伟军.论柔性建筑供应链的构建[J].浙江水利水电专科学校学报,2010,22(3):83 - 85.

[46] 魏新.浅谈标准化是项目管理的重要基础[J],航空标准化与质量,2003,(3):11 - 13.

[47] 王静.浅析大型系统工程的标准化管理[J],标准化研究,2005,(4):39 - 42.

[48] 刘衍堂.项目标准化管理任重道远[J],施工企业管理,2005,(9):40 - 41.

[49] 林治.工程项目管理模式优化选择研究.华中科技大学[D].2003年11月.

[50] 陈建华,林鸣,马士华.基于过程管理的工程项目多目标综合动态调控机理模型[J].中国管理科学.2005,13(5):93 - 99.

[51] 高峰.大型电力工程项目资源冲突问题的调查与研究[J].项目管理,

2014(4):51-53.

[52] 廖清平. 建筑项目管理中的冲突管理[J]. 工程建设与设计,2003(7):41-43.

[53] 邓铁军,郑东华. 项目冲突成因原理及其在监理协调中的运用[J]. 建设监理,2006(6):50-53.

[54] 阚洪生,乐云,陆云波. 建设工程领域组织冲突研究评述[J]. 工程管理学报,2013,27(4):107-111.

[55] 侯学良,贺全龙,金维兴. 冲突事件在建筑工程项目中的表现形式及影响[J]. 重庆建筑大学学报,2007,29(1):96-100.

[56] 周蓉. 基于资源基础理论的物流企业竞争优势实证研究[J]. 物流技术,2012,31(12):214-218.

[57] 王通杰. 基于战略资源的企业竞争力分析与评估[D]. 北京交通大学:2009.

[58] 邱琼,陈炳富. 战略性资源:企业竞争优势的源泉和基础[J]. 江西财经大学学报:2003(3):21-24.

[59] 王鹏,高扬. 论战略资源与核心能力在房地产企业中的内涵[J]. 中国房地产金融,2002(3):22-26.

[60] 陈群,雒燕,成虎. 我国大型建筑施工企业战略联盟合作机制研究[J]. 建筑经济,2009(5):34-37.

[61] 唐亮. 建筑工程项目管理合作联盟研究[D]. 上海交通大学:2009.

[62] 吴光东,施建刚,唐代中. 工程项目团队动态特征、冲突维度与项目成功关系实证[J]. 管理工程学报,2012,26(4):50-57.

[63] 侯学良,贺全龙,金维兴. 建筑工程项目冲突事件的互适性研究[J]. 重庆建筑大学学报,2006,28(6):111-114.

[64] 田国强. 经济机制理论:信息效率与激励机制设计[J]. 经济学,2003,2(2):276-308.

[65] 迈尔森. 博弈论:矛盾冲突分析(中译本)[M].(于寅,费剑平)北京:中国经济出版社,2001.

[66] 郭其友,李宝良. 机制设计理论:资源最优配置机制性质的解释与应用[J]. 外国经济与管理,2007,29(11):1-8.

[67] 吴嘉慧,程书萍,盛昭翰等."两院制"工程设计审计委托代理博弈分

析[J].运筹与管理,2012,21(2):58-63.

[68] 张维迎.博弈论与信息经济学[M].上海:上海三联书店,上海人民出版社,1996:403-441.

[69] 毛友全.工程项目伙伴关系管理模式研究[D].西南交通大学,2004.

[70] 陆绍凯.工程项目管理的联盟模式研究[J].建筑经济,2004(11):59-62.

[71] 任志涛.动态联盟模式在建筑企业中的应用[J].建筑经济,2004(3):19-20.

[72] 韩利,梅强等.AHP-模糊综合评价方法的分析与研究[J].中国安全科学学报,2004,14(7):86-89.

[73] 刘佳明,刘海滨.基于AHP和模糊综合评判法的国家科技重大专项项目管理成熟度能力评价[J].项目管理技术,2014,12(11):34-40.

[74] 张萍,王莹.基于模糊综合评判的虚拟企业审计风险评估[J].审计与经济研究,2010,25(4):44-50.

[75] 简兆权.战略联盟的合作博弈分析[J].数量经济技术经济研究,1999(8):34-36.

[76] 李真,孟庆峰.工程供应链柔性管理策略研究[J].项目管理技术,2014,12(2):33-38.

[77] 孟庆峰,李真.工程项目中成员关系的协调机制研究[J].建筑经济,2014,35(9):43-46.

[78] 陈震红,董俊武.战略联盟伙伴的冲突管理[J].科学学与科学技术管理,2004(3):106-109.

[79] 周永红,王红峥,梁新华.联盟企业间只是共享冲突及协调对策探讨[J].实践研究,2011,34(10):62-64.

[80] 刘宁,赵梅.团队内任务冲突与关系冲突的关系与协调[J].科技管理研究,2012(5):179-182.

[81] 成虎,戴洪军,陈彦.工程项目组织与项目管理组织的辨析[J].建筑经济,2008,8(310):62-65.

[82] 陈建华,马士华.基于动态联盟的工程项目"三全"集成化管理模式[J].工业工程与管理,2007,6:88-93.

[83] 陈柳钦.国际工程大型投资项目管理模式简介[J].中国市政工程,

2006,1:55-92.

[84] 陈勇强.基于现代信息技术的超大型工程建设项目集成管理研究[D].天津大学,2004.

[85] 成思危.复杂科学与系统工程[J].管理科学学报,1999,2(2):1-7.

[86] 成思危.复杂科学与组织管理[J].科学,2003,3:6-9.

[87] 戴栎,黄有亮.精益建设理论及其实施研究[J].建筑管理现代化,2005,1:33-35.

[88] 迪伊·霍克著.张珍,张建丰译.混序:维萨与组织的未来形态[M].上海远东出版社,2008.

[89] 丁士昭.工业发达国家建设工程合同管理及风险管理[J].建筑,2001,(09):40-42.

[90] 傅志寰.研究工程哲学,指导工程建设[A]."工程科技论坛"暨首届中国自然辩证法研究会工程哲学委员会学术年会工程哲学与科学发展观论文集[C],2004.

[91] 高正荣,黄建维,卢中一.苏通大桥主塔墩冲刷防护工程关键技术[J].水利水运工程学报,2005,(02):18-22.

[92] 顾基发,高飞.从管理科学角度谈物理—事理—人理系统方法论[J].系统工程理论与实践,1998,8:1-5.

[93] 赫尔曼·哈肯著 凌复华译.协同学:大自然构成的奥秘[M].上海译文出版社,2005.

[94] 何清华,李佳川,陈发标,大型工程项目集成化项目控制信息系统的研究[J].同济大学学报,2000,28(6):707-710.

[95] 何曙光.面向工程建设的现代化集成管理系统研究[J].计算机集成制造系统-CIMS,2002,4:330-332.

[96] 黄定轩,尤建新,杜波.基于收益-风险的建筑项目管理模式分析[J].同济大学学报(自然科学版),2007,35(12):1718-1723.

[97] 纪凡荣,成虎.大型建设项目组织设计研究[J].建筑技术,32(8):151-153.

[98] 金吴.PFI项目融资模式在基础设施建设中的应用[J].建筑经济,2003,9:21-22.

[99] 金吾伦,郭元林.复杂性管理与复杂性科学.复杂系统与复杂性科学,

2004,1(2):25-31.

[100] 拉尔夫·D·斯泰西著,宋学锋,曹庆江译.组织中的复杂性与创造性[M].四川人民出版社,2000.

[101] 李必强.关于集成和管理集成的探讨[J].管理学报,2007,1(1):10-13.

[102] 李伯聪.工程哲学引论[M].大象出版社,2002.

[103] 李红兵,李蕾.建设项目全生命周期集成化管理的理论和方法[J].武汉理工大学学报(信息与管理工程版),2004,26(2):204-207.

[104] 李迁,何平,王茜.大型工程管理中的复杂性决策及决策管理——以苏通大桥为例[C].两型社会进程仲的工程管理——第二届中国工程管理论坛论文集,中南大学出版社,2008.

[105] 李迁,游庆仲,盛昭瀚.大型建设工程的技术创新系统研究[J].科学学与科学技术管理,2006,27(12):93-96.

[106] 李瑞涵.工程项目集成化管理理论与创新研究[D].天津大学,2002.

[107] 李曙华.从系统论到混沌学[M].广西师范大学出版社,2002.

[108] 刘洪.组织变革的复杂性理论[J].经济管理,2006,9:31-35.

[109] 陆宁,冯妍萍,王芳等.单项工程四大目标的可靠度综合控制[J].西安建筑科技大学学报,2007,39(5):652-656.

[110] 陆佑楣.三峡工程建设项目管理实践[J].建筑师,2008,3:58-60.

[111] 庞川,黄荣兵,杨缦琳.项目组织结构及其在我国项目工作中的应用[J].管理工程学报,1999,13(2):72-75.

[112] 钱学森,于景元,戴汝为.一个科学新领域—开放的复杂巨系统及其方法论[J].自然杂志,1990,13(2):3-10.

[113] 盛昭瀚.大型复杂工程建设管理主体与综合集成——兼论我国工程建设指挥部模式[C].中国工程管理环顾与展望——首届工程管理论文集锦,中国建筑工业出版社,2007.

[114] 盛昭瀚,游庆仲.综合集成管理:方法论与范式—苏通大桥工程管理理论的探索.复杂系统与复杂性科学,2007,4(3):1-7.

[115] 盛昭瀚,游庆仲,李迁.大型复杂工程管理的方法论和方法[J].科学进步与对策,2008,25(10):193-197.

[116] 王浣尘.系统工程旋进式三角循环——关于西部大开发之大思路

[J].中国机械工程,2001,1:9-10.

[117] 王亦澍,施工总承包与专业分包的管理界面研究[J].建筑施工,2006,28(9):748-753.

[118] 魏峰,李燚,张文贤.国内外心理契约研究的新进展[J].管理科学学报,2005,8(5):82-88.

[119] 吴绍艳.基于复杂系统理论的工程项目管理协同机制与方法研究[D].天津大学,2006.

[120] 席酉民.大型工程决策管理[M].贵州人民出版社,1988.

[121] 谢坚勋.精益建设——建筑生产管理模式的新发展[J].建设监理,2003,6:62-63.

[122] 邢渊.国际工程项目管理模式—设计-营建[J].建筑,2002,(12):49-51.

[123] 殷瑞钰,关于工程与工程创新的认识[J].科学中国人,2006,(05):22-25.

[124] 殷瑞钰,汪应洛,李伯聪.工程哲学[M],高等教育出版社,2007.

[125] 游庆仲,董学武,吴寿昌.苏通大桥基础工程的挑战与创新[J].中国工程科学,2007,9(6):22-26.

[126] 于景元,刘毅.复杂性研究与系统科学[J].科学学研究,2002,20(5):449-453.中国建筑业协会.北京奥运工程项目管理创新[M].中国建筑工业出版社,2008.

[127] 周晶,何建敏,杨宏伟.基于委托-代理模型BOT模式的有效性分析[J].东南大学学报(自然科学版),2005,35(3):489-492.

[128] [1] 吴福象,王新新.动态组织学习能力与企业竞争战略研究——一个基于全球价值链分解模型的分析框架[J].科技与经济,2012(03):1-5.

[129] 穆林娟,贾琦.价值链成本管理为基础的跨组织资源整合:一个实地研究[J].会计研究,2012(05):67-71+94.

[130] 李桦.战略柔性与企业绩效:组织双元性的中介作用[J].科研管理,2012(09):87-94.

[131] 陈瑜,罗晟,乐云.政府投资大型复杂项目总体项目管理框架研究[J].工程管理学报,2012(05):57-61.

[132] 岳鹏威,陈文宇,李福恩.我国重大工程项目管理模式现状、问题及对策研究[J].特区经济,2012(12):207-208.

[133] 侯光明,贺新闻,王艳.大规模科学技术工程管理模式:一个分析框架[A].中国科学学与科技政策研究会.第七届中国科技政策与管理学术年会论文集[C].中国科学学与科技政策研究会:2011:10.

[134] 王长峰,王化兰,史志武,檀程操,赵迪,王堃.复杂动态环境下特大型科技(工程)项目组织知识流程集成优化和实证研究[A].中国优选法统筹法与经济数学研究会、山东大学、中国科学院科技政策与管理科学研究所、《中国管理科学》编辑部.第十四届中国管理科学学术年会论文集(上册)[C].中国优选法统筹法与经济数学研究会、山东大学、中国科学院科技政策与管理科学研究所、《中国管理科学》编辑部,2012:10.

[135] 江燕,孔德成,邹锐.复杂重大科技工程组织管理模式研究[J].科技和产业,2013(11):167-172.

[136] 成于思,李启明,袁竞峰.基于SNA的建设工程项目组织结构分析[J].建筑经济,2013(11):37-41.

[137] 乐云,单明.建设工程领域工程合谋现象研究综述[J].工业技术经济,2013(01):145-151.

[138] 朱渊博,董华智.工程项目管理组织沟通现状分析[J].价值工程,2013(05):84-85.

[139] 洪巍.大型工程业主与承包商基于质量的利益激励机制设计[J].建筑经济,2013(05):40-43.

[140] 洪巍,周晶.基于演化博弈的大型工程技术创新过程中业主与供应商的合作机制研究[J].工业技术经济,2013(05):106-112.

[141] 罗嵌中.通村公路项目改造工程组织设计及要求[J].黑龙江交通科技,2013(08):183-184.

[142] 李金生,于燕.基于研发风险的创新型企业柔性组织模型研究[J].科技进步与对策,2014(01):97-102.

[143] 薛小龙,牛向飞.重大工程项目团队免疫系统架构[J].科技进步与对策,2014(11):34-37.

[144] 王盛文,白居,乐云.项目团队下属间冲突管理模式的量表开发与评

测——基于团队领导者的视角[J].华东经济管理,2014(04):162 - 168.

[145] 洪巍,周晶.基于系统分析的企业虚拟组织与大型工程组织对比研究[J].系统科学学报,2014(03):50 - 53.

[146] 明镜,李响,李劼.重大工程建设与运营智慧管理系统的研究及实践[J].地理信息世界,2014(03):73 - 79.

[147] 王森浩,乐云.权力对建设项目绩效影响实证研究[J].软科学,2014(05):105 - 110.

[148] 卢阳旭,何光喜,赵延东.重大工程项目建设中的"邻避"事件:形成机制与治理对策[J].北京行政学院学报,2014(04):106 - 111.

[149] 佘志鹏,乐云,蒋卫平.工程项目中信任与不信任关系的实证研究[J].项目管理技术,2014(07):30 - 33.

[150] 王博.网络组织治理关键要素及其关联机理研究[D].山西财经大学,2013.

[151] 陈希.大型工程项目审计利益相关者利益协调机制研究[D].长沙理工大学,2013.

[152] 刘捷.子整多主体系统的组织模型及演化研究[D].国防科学技术大学,2011.

[153] 曾耀武.企业网络的空间经济结构影响分析[D].华中师范大学,2012.

[154] 陈辛.自组织团队绩效管理研究[D].南京大学,2011.

[155] 李永奎,乐云,崇丹.大型复杂项目组织研究文献评述:社会学视角[J].工程管理学报,2011(01):46 - 50.

[156] 郝斌,Anne-Marie Guerin.组织模块化对组织价值创新的影响:基于产品特性调节效应的实证研究[J].南开管理评论,2011(02):126 - 134,160.

[157] 李永奎,乐云,何清华,卢昱杰.大型复杂项目组织网络模型及实证分析[J].同济大学学报(自然科学版),2011(06):930 - 934.

[158] 齐羽.组织模块化影响组织动态能力机制研究[D].浙江大学,2013.

# 后 记

本书是国家自然科学基金"情景计算机模拟的重大工程组织、流程战略资源协同研究(71271107)"和广东省交通厅"广州至乐昌高速公路建设成套技术研究项(项目编号 2009-01-001)"子课题"广乐高速公路建设集成管理创新研究与示范"团队的研究成果。在本书交付出版之际,对国家自然科学基金委员会管理学部和广东省交通厅表示衷心感谢。

目前,国内外大型工程建设管理的管理模式相对成熟、僵化,缺乏针对工程特点的管理创新。将柔性组织运用到大型工程建设管理,无论理论还是实务上,都处于探索阶段,广乐高速公路建设初期未见成熟样本。几年来,广乐高速公路建设管理团队和南京大学研究人员在大型工程建设管理模式领域勤恳开拓创新,在研究广乐高速公路工程实践的基础上,积极探索大型工程建设管理理论,总结大型工程建设管理模式,并极力体现研究成果的可操作性。

经过几年的研究,团队取得了一些研究成果,并成功地运用到广乐高速公路建设管理中。但由于研究时间不长以及理论基础薄弱,自知现有研究成果还比较浅显,团队在未来将继续本领域的研究,并努力使研究成果能够真正服务于我国大型工程建设管理实践活动。

本书的研究成果是在南京大学盛昭瀚先生指导下完成的,盛昭瀚先生的悉心指导和不倦教诲,使得团队能够克服研究过程中的诸多困难,迎接课题挑战,最终完成相关研究任务,在这里真诚地道声谢谢。

参加本书写作的有南京大学程书萍副教授、邱聿旻博士、朱云峰硕士、邵秀芸硕士、张志喜硕士等。此外,还要感谢广东广乐高速公路的诸位工程实践专家们,他们为本书的写作提供了详实的资料和有力帮助。

最后感谢南京大学出版社出版社唐甜甜等编辑,她们为本书的顺利出版付出了大量时间和精力。

大型工程建设管理模式是复杂的系统,涉及诸多领域、诸多科学,还处于探索阶段,因此,本书难免有疏漏和不足之处,敬请广大读者批评指正。

**敖道朝**
**于广东广乐高速公路有限公司**
**2016 年夏**